COME TOGETHER

COME TOGETHER

京都爛漫

遊京都戀上日本文化

K Y O T O　R A N M A N

序 prologue

很多人說道，京都百看不厭、百遊不膩。我想這是因為京都有太多「層」。京都是個像「洋蔥」一樣的地方，可以一層層往內剝、往深處探尋，而且會發現怎麼剝也剝不盡，將柔軟的外表剝開後，可能還會發現她有些帶嗆。

京都看似小小的，就算是剛到京都定居的外來者，也能很容易地掌握哪裡可以賞櫻、賞紅葉，哪裡又可以逛街購物，好像一下就能把這裡看盡似的。然而，表面上靜靜的京都，底面卻是深不可測，有好多在地的小圈圈，外人很難打入。例如茶道流派的各個宗家早在這建立數百年，有自己的網絡，攻不可破，外來者很難在此占上一席。而茶道只不過是數多圈圈中的其中一個，能樂、邦樂、日本舞踊、和菓子、京料理等，每個都是平時難以察覺的圈圈，這些圈圈環環相扣，並且時時刻刻在京都見不到的地方轉呀轉著，帶動了京都千年。

不過正因如此，我很慶幸自己是以「外國人」及「學生」這樣的雙重身分待在這座城市。據說京都人原本就對外來學生的接受度高，認為這些年輕學子是促進京都保持活力的來源，因此對學生便不怎麼設限，反而很歡迎。此外，二十一世紀的京都為了順應潮流，作法多少有些轉變——提供許多以外國人為對象的「傳統藝能課程」，而且不只是體驗，是很嚴肅地「來真的」。因此，我便光明正大地在京都當個外來者，而這些傳統藝能的老師們，多少也因為我是個還算認真的外國人，便傾囊相授，讓我能在短時間內獲得不少，實在感激。

日文中將學習、鍛鍊技藝稱為「稽古」（けいこ，keiko）。此詞出自中國《書經》，原指考先人之道之意，現今日文將其解為學習、練習之意。由此可知，在學習的過程中，仿先人、先師之道，有多麼重要。在傳統文化存續的京都，人們便是透過對各項技藝不斷累積的稽古，才能傳承這些「古」，並且去無存菁，在「古」的基礎上，加上使其符合現代潮流的「新」。

這是我用五年的時間，在京都感受、學習的呈現。不過，僅僅短短五年，還請各位諒解，書中所呈現的絕對不會是京都的全貌，也絕對不可能是京都最深層的部分。僅希望各位能透過這樣的書寫，瞭解到京都除了身為「觀光」大城以外，還有許多用肉眼觀察不到的層面；瞭解京都人是如何抱持著堅韌強勁的心靈，用驕傲自信、卻又柔軟、順應潮流的姿態，將千年文化傳承至今。相信各位讀過了這些再實際造訪時，對於體驗到的事物，感受必定更深。

此外，為了讓各位能夠一窺日本傳統文化中最重要的審美意識——季節感，體會京都生活是如何順應著季節變化而行事，書中也整理了十二個月份較重要的活動及季節景色，希望能作為各位玩賞京都的參考。

在書寫此書時，由於私人因素，我搬遷到了東京，過著偶爾往返京都的通學生活。和京都保有一段距離，許多事情反而看得更清晰了，尤其從前的日本生活經驗幾乎僅限於京都，跨上這片土地後所學習到的，我一直以為便等同於這個國家的全貌。但離開了京都後，才發現許多從前以為理所當然的事物，在京都以外的地區並非如此，或是早已消逝。這才瞭解，原來「京都之於日本」是如此特別的存在！至於從千年古都搬遷到國際都市東京，對我來說，是另一個莫大的文化衝擊，這又是另一段故事了。

由衷感謝讓我能在短期間內獲得學習機會的老師們：日本箏．渡邊治子老師、和服及禮法．中村光代老師、能．片山伸吾老師、田茂井廣道老師、大江信行老師、小鼓・久田陽春子老師、高橋奈王子老師、茶道・坂田宗大老師（排列依文章順序）。

感謝宇野商店・宇野克子老師、日本舞踊・西川千麗老師、大谷大學教授・Jonah Salz、京都藝術中心、大江能樂堂、財團法人今日庵（茶道裏千家）。感謝參與此書的編輯及工作伙伴朋友們，以及支持我任性地在家寫作的家人及外子。

我並在此期許，自己能夠以在京都學習到所謂「稽古」的精神，去面對人生中的所有事物，終其一輩子學習。願各位也能在生活中尋找到屬於自己的「稽古」，屬於自己的人生修行。更願這樣的呈現方式，對於想到京都遊賞或體驗生活的各位，能夠提供參考價值，試著從不同角度來觀看京都，如此我便感到榮幸了。

王文萱 二〇一二年 九月

目次

contents

壹｜京都四季繪卷｜

〈春〉

三月．彌生　寄託父母心願的雛人形……12

四月．卯月　櫻花之美如夢似幻……18

五月．皐月　現代貴族迎葵祭……22

〈夏〉

六月．水無月　水無月菓子的祈禱……28

七月．文月　守護著町眾的祇園祭……32

八月．葉月　送走夏日的五山送火……38

〈秋〉

九月．長月　鴨川限定享受：川床料理……42

十月．神無月　時代祭是大型扮裝遊行……46

十一月．霜月　吉田山的私房路線……50

〈冬〉

十二月．師走　跨過除夜鐘的神社新年……56

一月．睦月　過個不一樣的京都新年……60

二月．如月　以趕鬼迎接春天的來臨……64

貳｜京都稽古事｜

〈日本箏〉

緣起日本箏的傳統學習之路……70

「法」字相伴的京都生活……74

生八橋的身世之謎……80

〈小鼓〉

陪伴京都女孩兒們長大的小鼓……136

大和民族心底的聲音……140

〈**和服**〉
穿和服一點也不浪漫……86
京都必體驗：和服變身……90
到二手和服店挖知識……96
和服時裝秀……102
二手和服的震撼教育……108
〈**能**〉
半夢半醒之間陶醉於夢幻能……112
京都藝術中心與山鉾町……118
百年軌跡凝聚大江能樂堂……124
京都能樂巡禮……130
〈**茶道**〉
茶道學習是日常茶飯事……144
以茶會友的社交活動……148
在京都學習四季循環……154
以五感體驗冬暖夏涼……158
不用言語的默契……164
京都人的體貼……170
〈**禮法**〉
最高的禮節不是一成不變……176
受「禮」框架的社會……180
参 京都人道京都事
「稽古」是一輩子的樂趣——訪談料理研究家·宇野克子……186
「稽古」是全面性的學習——訪談能樂師·片山伸吾……198
序……4
附錄·京都年度重要行事……210

京都
四季繪卷

壹

春

三月・彌生

寄託父母心願的雛人形

Hina Ningyou

彌生（やよい，yayoi）——「彌」字原本為「漸漸」之意，「彌生」便是指「草木漸漸繁盛生長」。待奈良東大寺二月堂的「修二會」結束之後，京都的春天就即將到來了。

京都的春天，究竟從何時開始的呢？二月的京都，冷得讓人打顫，若是來場大雪，讓京都染上一片雪白，那也就罷了，偏偏京都的寒冷不是這樣子的。由於位於盆地，京都比起其他地方更顯嚴寒，但又不像日本海側或緯度高的北海道，冰冷得大雪紛飛。京都的雪總是一片片、一點一滴不斷下著，落到地面上卻又融化了。氣溫在零度上下躊躇不定，正是最刺骨的寒冷。

人們在立春前一日的節分，也就是陽曆二月初左右，會舉行盛大的「節分祭」，還有驅鬼儀式「追儺」、撒豆子、吃福豆和惠方卷；接著又過了節氣「立春」，卻怎麼也無法呼喚京都的春天到來。

有一句話是這麼說的，「關西地區的春天，是從『取水』開始的」。「取水」（おみずとり，omizutori）指的是奈良東大寺二月堂的佛教法事，正式名稱為「修二會」，舉行時期約在三月的前兩週，場面極為莊嚴盛大。三月十二日午夜，在參拜人們的圍觀當中，咒師配合著古典的雅樂演奏，前往「閼伽井屋」用桶子汲起水，並將水供奉給神，這便是「取水」的儀式了。

關於這個井水，有一則有趣的傳說。當初二月堂建立時，曾舉辦了法事「修二會」，請全國的神明聚集在此地，但若狹(古國名，指現今北陸福井縣一帶)的遠敷明神卻因為釣魚而忘了赴約。為了致歉，他於是從若狹帶來了供奉用的水。現今位於若狹的「若狹神宮寺」，在「取水」前十天的三月二日，也會舉行「送水」(お水送り，omizuokuri)儀式。

每年三月上旬，盛大的「修二會」法事結束之後，人們便要準備迎接春天了。不過，在春天未到之前，三月初就已有件重要的行事了，那便是三月三日的「雛祭」(ひなまつり，hinamatsuri，中文一般稱「女兒節」)。

「雛祭」的起源雖然無法明確考證，但受中國傳統影響，日本平安時代(約西元七九四～一一九二年間)時，人們便已在「上巳節」(三月三日)時，將剪成人形的紙片放入水中流走，用來消災並祈求平安。曾幾何時，女孩們玩耍人偶並拿來裝飾的習慣，和「上巳節」的儀式結合在一塊兒，於三月三日裝飾人偶，便成為一項流行全國的習俗了。在「雛祭」時細心擺起代代家傳的「雛人形」（女兒節人偶），其中也蘊含著父母親期望女兒健康成長、幸福美滿的心願。

其實，從前的日本是以陰曆來過節的，因此若以陰曆來算，從前的三月三日女兒節便約是在陽曆四月了。此時春暖花開，正是讓人偶出來透氣的好時節。不過明治維新之後，日本統一採用陽曆，節慶和季節的關係似乎變淡了許多。據說在較寒冷的地區，人們仍然習慣四月才過女兒節。這樣想來也有道理，陽曆三月三日都還沒「取水」，春天未到，天氣如此嚴寒，人偶可是會感冒的。

某年的女兒節，應長輩之邀，我也當了一日的「京都女兒」，得以欣賞「雛人形」之美。這對長輩夫婦，女主人出身京都，她用柔軟的京都腔對我詳述娃娃們的身世。原來，雛人形便是女孩的嫁妝，代代相傳，因此這些人偶從她小時候就已經存在了，已有近百年的傳承歷史。一組完整的雛人形有十五個人偶，其中有些損壞的，她後來買了新的人偶來替換，卻發現現代的人偶表情都不如從前來得柔美漂亮。

放置雛人形的七層台階上，最上層坐的是天皇及皇后。京都的雛人形擺設和其他地方不同，男娃在面對我們的右方，女娃在左方，也就是男娃在女娃的左手邊。這是從中國傳來

◎ **右圖**｜代代相傳的天皇及皇后人偶，有著歲月痕跡。**左圖**｜拉著「狆」（小型犬）的女官，包含了祈求孩童平安成長的心願。這種人偶現今已不常見了。

的「左上位」思想，認為左方較尊貴。後來西洋思想傳入日本，天皇也照著西式的位置站在左方。據說天皇的照片一傳出去，全國人民都把雛人形的天皇及皇后位置對調了過來，只有京都人仍保持原來的作法，不願改變。天皇及皇后的人偶看得出歲月痕跡，后冠也有損壞，女主人細心地將后冠擺在皇后身旁，畢竟這是陪伴皇后、也是陪伴她長大的寶物。比起嶄新的人偶，有著歲月痕跡的雛人形，更包含著代代相傳的意義。

女主人還特地和我介紹了兩個奇特的人偶——「拉著小型犬（狆）的女官」。「這種人偶很稀有，現在已經見不到了，不過我也不知道為什麼會擺在這兒，從我小時候就有了。」我回家後查了許多資料才找了關於這兩個人偶的故事，原來，從前明治至昭和時期，有些人家會將「拉著小型犬的女官」人偶和雛人形一同擺放，這是因為當時孩童死亡率很高，人們於是擺放「狆」這種容易飼養的小型犬，以祈求孩童能順利成長。而現代人幾乎不擺放這種人偶了，只有在雛人形流傳了好幾代的家中才可能見得到。

長輩夫婦的兒女早已成家離開，女主人卻仍然每年細心地把雛人形從盒中拿出來擺放好，又在三月三日晚上匆匆忙

◎ **右圖**｜人偶的嫁妝，每樣都是精緻的工藝品。**左圖**｜七層陳列台上的「雛人形」。由上而下分別為：天皇及皇后、三名宮女、五人囃子、兩名大臣、三名僕人、小型嫁妝用具、牛車及轎子等。另外第二及第三層，多擺設了兩個從前特有的人偶「拉著小型犬的女官」。

忙收回盒中。她說，「不讓雛人形出來，神社的人們會生氣的！」而且，「傳說過了三月三日若還不把雛人形收回去，女兒會嫁不出去喔！」

聽起來像是玩笑話，京都人卻著實抱著這樣的信念，每年重複著繁雜的程序，也因此在無意之中，讓文化、工藝傳承了下來吧。

壹

賀茂御祖神社

かもみおやじんじゃ，Kamomioyajinja

住 京都市左京區下鴨泉川町5

W www.shimogamo-jinja.or.jp

俗稱「下鴨神社」（しもがもじんじゃ，Shimogamojinja），每年「上巳節」（三月三日）會在神社內的御手洗川舉行「雛人形流水」（流し雛）儀式，將剪成人形的紙片放在水中流走，用來消災並祈求平安。

弍

寶鏡寺

ほうきょうじ，Houkyouji

住 京都市上京區寺之內通堀川東入ル百々町547

W www.hokyoji.net

又稱「人形寺」（にんぎょうでら，Ningyoudera），每年三月會於寺內舉行盛大的「雛祭」活動，將寺內所有人形擺設於本堂亮相，供一般民眾參觀。

© kudumomo

叁

賀茂別雷神社

かもわけいかづちじじゃ，Kamowakeikaduchijinja

住 京都府京都市北區上賀茂本山339

W www.kamigamojinja.jp

俗稱「上賀茂神社」（かみがもじんじゃ，Kamigamojinja），每年三月三日舉行「桃花神事」，在神明面前供奉草餅、桃花等，祈求消災解厄，國家平安。

春

四月・卯月

櫻花之美如夢似幻

Sakura

卯月（うづき，uduki）——據說是「卯花」生長的月份。從前是以這些別名來稱呼陰曆，因此花季多少和現今月份有些出入，不過人們等待植物開花的那份心情，自古以來想必不曾改變。

三月底，我有幸參加了裏千家所主辦的「利休忌」，這是遙忌茶道集大成者——千利休（西元一五二二年～一五九一年）的儀式。利休忌日原本是在陰曆二月二十八日，現今茶道流派裏千家則是在三月二十八日舉行忌日儀式。利休忌的氣氛嚴肅，尤其幾小時正座（跪坐）下來，實在難熬。在這樣的肅穆之中，茶席的「半東」（招待客人的角色）常會用一些詼諧的話語來舒緩氣氛。

其中的一場茶席，端上了十分可愛的菓子，是春天人們遊賞時不可或缺的「花見糰子」（はなみだんご，hanami dango）。長長的竹籤上，插著三顆圓滾滾的小球，顏色鮮豔，可愛得讓人差點忘了身處肅靜茶室中，與強調茶道精神「和敬清寂」的茶室，頓時成了對比。

這時，半東開口說道：「這個花見糰子，吃法有許多種，端看各位功力了。我等會兒不會觀察各位的，請自便吧。要小心，否則糰子滾一地，茶席可就成了運動大會了。」雖是嚴肅的場面，大家也不禁笑開了，氣氛瞬間舒緩下來。

坐在我身旁的，是裏千家茶道學園的越南留學生，每日從早到晚的茶道修習，讓她早已能夠鎮靜面對各種狀況。她湊過我耳邊說：「看我做，要這樣吃。」越南妹妹不過是做了個簡單的小動作，卻還真高招！她將懷紙※註一摺成半，將三顆糰子同時從側邊夾攻，再抽出串著的竹籤，便可輕輕鬆鬆用竹籤將糰子一顆顆插來吃了，甚至還有餘裕享受三顆糰子的不同滋味。

京都冬日嚴寒，櫻花雖未盛開，但三月底茶席上的「花見糰子」，似乎有意催促著春日到來。的確再過幾天，待月曆翻到下一頁，京都便會漸漸被櫻花染成一片粉紅大地，今年總算又熬過寒冬，等到春天了。

「花見糰子」便是春日賞花時不可或缺的點心。櫻花盛開的春日，賞花雖風雅，卻仍滿足不了口腹之慾，「花見」（賞花）便漸漸與「糰子」（菓子）連繫在一起了。據說這股風氣普及到一般民眾，大約是江戶時代的事。隨著風潮登場的，是「紅綠白」的三色糰子。究竟為什麼是這三種顏色？何時定型的？似乎沒人說得清。有人說「紅」是春櫻、「白」是冬

◎ **右圖**｜每年到了春天，京都市街上到處都看得到色彩繽紛、小巧可愛的「花見糰子」。**左圖**｜春天的京都，圍繞在粉紅花朵的懷抱之中。

雪、「綠」則表期盼夏日到來的心情；也有人說「紅白」兩色在日本原來就象徵吉利，「綠」則有驅邪作用。至於口味，似乎也沒個基準，綠的可能是抹茶，可能是艾草，也可能只是加了食用色素而已。

多彩的花見糰子與櫻花相映，這般美景太過虛幻，反而讓我打了個哆嗦，想起日文中有名的一句：「櫻花樹下埋有屍體」。這句話其實出自日本文人梶井基次郎的短篇小說「桜の樹の下には」（在櫻樹下），第一句就寫道「櫻花樹下埋著屍體」。看似驚悚，其實並非恐怖故事，小說主角憂鬱多感，對美麗燦爛的櫻花惶惶不安，因此幻想著櫻花樹下埋藏著許多祕密，以此想法來慰藉自己。看來享盡眼前美景後，還得加上腦中無盡想望，才能填補櫻花凋落後的空虛。

小說主角心中釋懷之後，感嘆說道：

「正值此時，我覺得似乎同那些在櫻樹下飲酒作樂的村人們一般，也有著飲酒賞花的權利了。」●

註一 懷紙（かいし，kaishi），放入懷中隨身攜帶的小張和紙，可行多種用途，如放置點心、用來擦拭、當作筆記紙、當作手帕等。

皐月（さつき，satsuki）——有一說是「早苗月」（さなえつき，sanaetsuki）的讀音轉變而來的，指的是將早生的秧苗移植到田裡之意。

春

五月・皐月

現代貴族迎葵祭

Aoi Matsuri

京都三大祭分別指五月的葵祭、七月的祇園祭及十月的時代祭。其中「葵祭」（あおいまつり，aoi matsuri）在古時屬於朝廷貴族行事，由下鴨神社以及上賀茂神社負責舉辦。

據說西元五六七年，氣候不順使得五穀不興，因此舉行這樣的祭典儀式，祈求豐收。原本稱「賀茂祭」，由於祭典隊伍皆以葵花及葵葉裝飾，因此又稱為「葵祭」。每年五月十五日，身著平安時代裝束的隊伍由京都御所出發，一路浩浩蕩蕩，路經下鴨神社，再前往上賀茂神社。葵祭當中所用的葵是「雙葉葵」（又稱二葉葵），據說以前葵祭中所使用的約一萬枚葵葉，全都是來自上賀茂神社域內所生長的。

葵祭當中最備受矚目的，是每年的「齋王代」這個角色。「齋王」指皇族女性，以巫女的身分侍奉神明，以前的葵祭便是由「齋王」主宰祭典的進行。現今已沒有「齋王」了，因此會由一般民眾當中選出一名女性來扮演「齋王」，稱作「齋王代」。現代的「齋王代」大多都是京都寺社、文化人或企業家等的女兒，依照傳統，身著平安裝束、抹白了臉、塗黑了牙齒，帶領遊行隊伍中華麗絢爛的的女性行列。

二〇一二年的「齋王代」是出身於創業四百多年和服老舖的千金。現代的齋王代除了身著傳統服飾，連續半個多月循古法行各種儀式、主宰典禮的進行，還得參加記者會亮相，讓各大媒體爭相拍照，做個稱職的「葵祭發言人」。

「葵祭」的內容不僅是五月十五日的遊行，其中以齋王代為主角、最受矚目的，便是五月四日的「齋王代禊之儀」了——讓參加葵祭的女性們先行淨身。由齋王代帶領數十名女性及女童們，身著華麗傳統服飾，在「御手洗池」用池水洗手；場所則在上賀茂神社及下鴨神社，每年交替進行。

儀式中「齋王代」會身著「十二單」（じゅうにひとえ，juunihitoe），為日本傳統女性服飾，現今則作為正式禮裝，正式名稱為「五衣唐衣裳」，穿著時一件一件地披上層層疊疊的衣裳，唐衣、表著、打衣、五衣、單衣、裳等。其實「十二單」只是一個通稱，實際上穿著時不一定必為十二件，披上的件數是可以變動的。只見齋王代身上披著層層疊疊厚重的衣裳，從領口直至下擺、袖口，每層衣服的相連處露出不同色彩，這層層衣裳交疊處所編織出的巧妙色彩組

◎ 葵祭當中身著「十二單」的女性。由於這套服飾是由數件衣裳層層疊疊組成，下擺及袖口所露出的多層次色彩，便是其優美之處。（攝影．劉學謙）

合，便是「十二單」的優美之處。出身和服世家的「齋王代」表示，厚重的衣裝讓她感受到了歷史的重量。只見她外表優雅甜美，一舉一動、一屏一息，卻又沉穩確實。在京都從事傳統文化相關的女性，總讓我感到一股強韌的特質。她們不僅接受了古都的文化薰陶，還得經過長久且全面的訓練及學習，才將自己鍛鍊成擁有深厚涵養、與古都、與傳統文化相襯的女性。

從前有句話說「東男配京女」，指的是江戶地方（東京）的男性有氣概，配上京都優雅美麗的女性最佳。江戶時代作家曲亭馬琴（西元一七六七～一八四八年）更曾在作品中寫道：「京都有三好。女子、加茂川之水、寺社。」※註一「京女」之所以讓大作家陶醉癡迷，甚至擺在「京都三好」的第一位，想來不只是她們外表美麗，更在於柔美外表下的深遂涵養，以及堅忍不拔的心靈吧。

不愧是京都的現代貴族女性，擁有這種堅定沉著的內在，才能撐起厚重的十二單呢。

註一　曲亭馬琴又被稱作「瀧澤馬琴」，「瀧澤」為他本來的姓。此句出自他的京阪旅行記《羇旅曼錄》。

攝影．劉學謙

閒來步京都

葵祭
相關儀式

流鏑馬神事

日 5月3日　住 下鴨神社
傳統騎射藝術。

齋王代禊之儀

日 5月4日　住 下鴨神社或上賀茂神社
參加葵祭的女性們先行淨身。

步射神事

日 5月5日　住 下鴨神社
以弓箭來進行除魔儀式。

賀茂競馬

日 5月5日　住 上賀茂神社
於競馬發祥之地行競賽。

御蔭祭

日 5月12日　住 由御蔭神社前往下鴨神社
將下鴨神社祭神之靈，
於「御蔭神社」迎往下鴨神社

葵祭

日 5月15日
遊行隊伍由京都御所出發，前往下鴨神社，
最終到達上賀茂神社。

夏

六月・水無月

水無月菓子的祈禱

Minaduki

水無月（みなづき，minaduki）——有一說指梅雨季節結束，地面即將乾涸之意。從前用來指陰曆六月。

日本從前使用陰曆，因此許多月份名稱都隨著陰曆自然氣候來命名。後來統一使用陽曆，這些舊名用到陽曆上頭，不免和現實有些出入了。例如，陰曆的六月有個特別的名稱——水無月，據說便是指陰曆六月梅雨季結束，一下子沒了雨水，因此得名。但用在陽曆六月，正值梅雨季，沒了水的也許不是大地，而是將雨水用盡的天庭吧。

不過在京都，人們聽到「水無月」，腦中浮現的也許是另一番景象——名為「水無月」的和菓子。我之前的日本生活經驗幾乎只限於京都，整個六月份，京都街上滿是「水無月」的蹤影，因此以為「水無月」是盛行於全日本的菓子。後來搬到東京，偶然興起想要尋個水無月，卻尋不著蹤跡，才發現這是關西地區特有的習慣。其實不只「水無月」菓子，我後來才得知，在京都許多人們覺得理所當然的習慣及思考，原來都是「當地限定」，也就是京都人特有的風俗及想法。

與「水無月」菓子密不可分的，是六月三十日稱作「夏越祓」（なごしのはらえ，nagoshi no harae）的行事。在古代，

◎ 上賀茂神社的「茅之輪」。

這是正式的宮中行事，於年中、也就是六月的最後一天舉行，目的是為了去除自身前半年的罪惡及汙穢，並祈禱後半年的平安。這時，許多神社會設置「茅之輪」（ちのわ，chinowa），人們只要左一圈、右一圈再左一圈地穿過茅草做成的大圈走三次，劃出「8」的形狀，便可以驅災保安康。

而「水無月」這款菓子，就是在「夏越祓」這天享用的。底層柔軟又帶嚼勁的質感，是用穀類粉末混上砂糖蒸煮而成，外形為三角型，是模仿冰塊的形狀。以前，宮廷的人們在冰庫裡藏著冰塊，到了六月，便會將冰塊拿出來食用藉以消暑。但庶民們沒有冷藏技術，只好仿冰塊的樣貌做成菓子，以達望梅止渴的功效。「水無月」的最上層鋪著一層紅豆，據說帶有「除魔」的功用。

六月三十日這天，我拎著好不容易排隊買來的「水無月」，搭車來到上賀茂神社，參加「夏越祓式」。上賀茂神社除了「茅之輪」之外，還會舉行特別的「人形流し」（にんぎょうながし，ningyou nagashi）儀式。夜晚將近，人們在做成人形的小紙片上寫上自己的姓名及年齡，交給神社。待夜幕低垂，河川中燒起火堆，之後便由神職們將數千張人形紙片流入河中，一邊投紙片、一邊唸著祝詞，幫人們消災祈福。

◎ **右圖**｜仿冰塊做成的和菓子「水無月」，是在京都每年六月必吃的食物。**左圖**｜在火光中將人形紙片投入河川的儀式「人形流し」。

黑夜中的炎火，配上神職們吟詠的和歌，以及川中流著的人形紙片，構成一幅極為神祕的夏夜景象。

也許是被這幅神祕的景象所震撼，我突然顫慄不已。人類雖然不斷在發展文明、建立巴別塔，一個勁兒地往上爬，希望能與天同高，但在這裡，我眼前所見的，是敬畏這股未知力量的人們，數百年來遵循古法行事，只求洗清罪惡及汙穢、祈禱生命一時的安寧。人定勝天或敗天，也許終究不過是同件事物的不同面向而已。●

©① Keiichirou Shikano

壱

北野天滿宮

きたのてんまんぐう，Kitanotenmanguu

住 京都市上京區馬喰町北野天滿宮社務所

W kitanotenmangu.or.jp

全京都最大的「茅之輪」，於六月二十五日向一般民眾公開，同時販賣小型的「茅之輪」。六月三十會舉行正式的「夏越祓」儀式。

弐

貴船神社

きふねじんじゃ，Kihunejinja

住 京都府京都市左京區鞍馬貴船町180

W kibune.jp/jinja

於每年六月一日舉辦「貴船祭」，儀式包括「子供千度詣」，由小孩子排成一排，圍著一顆船形的大石頭邊喊口號邊繞圈，以祈求能健康成長；另外還有「撒招福餅」等儀式。

夏

七月・文月

守護著町衆的祇園祭

Gion Matsuri

文月（ふみづき，fumiduki）——有一說是因為人們寫詩歌獻給牛郎織女這對天上情侶而得來的。自從日本統一使用陽曆之後，牛郎織女相會的「七夕」便移到陽曆七月來過節，不過在京都，人們仍然依照陰曆、也就是陽曆的八月左右才過七夕。

每年一到了七月，不只天氣炎熱了起來，人們的心情也跟著沸騰不已。負責保管「祇園祭」當中「山」（神轎）及「鉾」（神車）的街坊民眾——也就是居住在所謂「山鉾町」地區的「町眾」們——忙著布置、裝飾，一切都是為了長達一個月的熱鬧祭典「祇園祭」。

提到祇園祭，我的感官總會瞬間被拉回第一次參加「宵山」（主祭典之前的夜晚祭典）的那個夜晚。那是我在京都的第一個夏季。平時車輛絡繹不絕的京都市街，成了大型的步行者天堂，目光所及之處，滿是聳立著的「山鉾」（祭典時所運行的神車神轎）、閃爍著的紙燈籠，以及身著浴衣帶著笑顏的人們；耳中充斥著的，是旋律獨特的祭典音樂「囃子」。炎暑的氣溫與人們心情的激昂程度、濕黏的空氣與人們對祭典的執著，彷彿成了正比。而七月也是日本難得的颱風季節，當晚大雨不斷，山鉾被蓋上了透明塑膠布，攤販仍然吆喝著，祭典依舊持續進行。記得我和友人雙手拎著木屐，在雨中笑鬧著奔跑，濕黏的空氣及當時的狼狽，伴著不斷反覆的祇園囃子音樂，成了現今仍難忘的青春回憶。

祇園祭所祭拜的神明是「牛頭天王」，這位天王其實是位瘟神，某次在旅途中遇到一位叫「蘇民將來」的人，雖然貧窮，卻願意讓他留宿一晚。牛頭天王便與蘇民將來約定，今後要保護蘇民將來及其子孫不受疫病之苦。因此，祇園祭時，各山鉾會販賣特有的「粽」，這不是拿來食用的，是讓人們拿來掛在玄關除厄用的，裡頭還附著寫有「蘇民將來子孫也」的守護符。延續數千年、屬於京都町眾的「祇園祭」，每年總要大大熱鬧一番，便是為了祭祀牛頭天王，祈求無病無災。

長達一整個月的祇園祭，每天幾乎都有行事，其中最受矚目的，是七月十七日的「山鉾巡行」，也就是抬著祇園祭的三十幾座「山鉾」在街上遊行。長刀鉾、菊水鉾、月鉾、雞鉾、北觀音山、伯牙山等，每座「山」及「鉾」都有各自的名稱，述說著各自由來的故事。人們抬著這些龐大且裝飾華麗的山鉾，就像搬著三十幾座行動美術館，將京都市街妝點得熱鬧非凡，成為旅人們絕對不能錯過的焦點。建議巡行當天早些到四条河原町交叉口占個好位置，因為山鉾巡行最困難處，便是抬著行動美術館轉彎，每成功彎過一座山鉾，路邊民眾便為山鉾町的町眾們歡呼不已。

祇園祭最重要的象徵，不只是這三十幾座山鉾，而是八坂神社祭神們所乘坐的三座「神輿」。「山鉾巡行」的原本用意是為了在迎接神輿之前，行開路先鋒的角色。因此從前的山鉾巡行共舉行兩次，一次是十七日的「神輿渡御」（從八坂神社迎接神明）之前，另一次是在二十四日的「還幸祭」（送神明回去）之前。不過巡行需要行交通管制，為了配合現代人的方便，才改為只巡一次了。但二〇一二年卻傳來兩項令人振奮的消息：一是原本因戰亂燒燬的「大船鉾」，即將於二〇一四年修復完成，加入「山鉾巡行」的隊伍；二是近年省略的第二次「山鉾巡行」，也即將於二〇一四年再度復活。也就是說，以後的祇園祭會有兩次山鉾巡行——分別是七月十七日的「前祭」，以及七月二十四日的「後祭」。

山鉾町的町眾們生來就像被賦予使命似地，保存著自己區域負責的山鉾。這股信仰的力量，就像是魔法，尤其是當人心凝聚在一起時，力量更大。雖然我並非負責傳承山鉾的京

都町眾，而是一名過客，但走在祇園祭典的人群中，我像是得到了町眾們所傳達出的力量般，得以對抗京都的酷暑。我想，這股凝聚的「人心」，才是舉行祇園祭的真正意義，更是除魔去病的最佳守護符。●

◎ 以「長刀鉾」為範本所設計的茶道用「花入」（插花容器）。（攝於「宇野商店」）

◎ 山鉾巡行的前一天晚上，稱作「宵山」，兩天前的晚上稱「宵宵山」、三天前晚上則稱「宵宵宵山」。此時町眾們會將所有山鉾擺放在街道中供人們觀賞。（攝影・Peter Tsai）

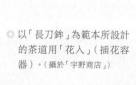

阪急
河原町駅
SMBC
三井住友銀行
都ビル

◎ 位於四条河原町交叉口的轉角處，人們正在奮力將「長刀鉾」轉彎改道。「長刀鉾」在三十幾座山鉾當中，一向是擔任領導的地位，「山鉾巡行」時走在隊伍的最前方。（攝影．Peter Tsai）

祇園祭

神輿洗式

日 7月10日
住 四条大橋
用水清潔三座神輿。

鉾建．山建

日 7月10～14日
住 各山鉾町
搭建祇園祭的山與鉾（神轎及神車）。

長刀鉾稚兒社參

日 7月13日
住 八坂神社
乘坐在「長刀鉾」上的「稚兒」（象徵祇園祭神之化身的兒童），到八坂神社參拜。從前祇園祭的稚兒不只一位，現今乘坐山鉾的僅剩長山鉾的一位稚兒。

宵山

日 7月14～16日　住 各山鉾町
山鉾擺在道路中間供一般民眾參觀。

山鉾巡行

日 7月17日
住 由四条烏丸出發，往八坂神社方向前進後向北，最後繞回各山鉾町。
扛著山鉾遊行，是為之後「神輿渡御」開路的儀式。

神輿渡御

日 7月17日
住 八坂神社至四条御旅所
三座神輿遊行。

花傘巡行

日 7月24日
住 八坂神社至市公所，最後回到八坂神社。
千人行列遊行並跳舞。

還幸祭

日 7月24日
住 四条御旅所至八坂神社
將神輿迎回原位。

神輿洗式

日 7月28日
同7月10日的神輿洗式。

夏

八月・葉月

送走夏日的五山送火

Gozan no Okuribi

葉月（はづき，haduki）——原本為「葉落月」，指的是綠葉片片散落，秋日即將到來。

「京都的『大文字燒』是什麼時候？」

「什麼『大文字燒』，是『五山送火』。身為京都人，聽到這話，真是無法接受！」

類似以上的對話，雖然我才住在京都沒幾年，聽聞的次數還真不少。來京都之前，原本以為「京都人不喜歡稱呼『大文字燒』」這種說法不過只是誇飾，沒想到還真的讓我親身碰上幾次。

「五山送火」（ござんのおくりび，gozan no okuribi）是在每年八月十六日時，於京都的五座山、六個山頭上，點火燃起文字及圖形，像燈塔一般，用來引導亡靈，讓它們能夠順利回到他界。共有六個字與圖，包括了兩個「大」字、「妙」及「法」字，以及圖形。點燃順序為：右方「大」字（晚間八點）、「妙」字及「法」字（晚間八點十分）、船形及左方「大」字（晚間八點十五分）、鳥居形（晚間八點二十分）。

八月十六日的晚上八點至八點二十分，這六個字與圖緩緩地依序燃起，此時京都的人們總會各自尋找一個望得到山頭的角落，屏氣凝神，虔誠地望著火，送走先人的亡靈。

我第一次觀望五山送火，是在朋友家的屋頂上，可一次望見三座山頭。當時因為太興奮，我像個小女孩般蹦蹦跳跳，現在回想起來，這種態度對先人們、對京都人們，真是太過失禮了。

後來「五山」對我的意義，不只限於八月十六日，還著實影響了我的生活。在京都的台灣留學生們莫名地興起一股「登大文字山」的休閒活動，座落在京都大學附近、銀閣寺後方的「大」字，山頭不過四、五百公尺高，花不到一小時便能登上燃字的火床。我們喜歡爬到火床上，讓自己成為「大」字的一部分，眺望京都盆地。

二〇一一年二月我搬了家，六樓落地窗朝北，正對面就是大大的「法」字。坐在餐桌前，望著山上的「法」字及整片山頭，成了我每日最奢侈的享受。

有趣的是，隨著季節，「法」字的面貌也千變萬化。剛搬來時由於是冬天，「法」字禿得厲害；後來某天突然發現，「法」字怎麼發了霉！忍不住好奇，登上山頭一瞧，原來是春天開了許多粉紅色的花。待「發霉」退去，這回輪到綠巨人登場，「法」字長滿了綠蔭，幾乎辨認不出字樣了。而送火的前一天，晨起，發現「法」字在不知何時已豎起了許多柴火堆。

五山送火前一週，許多住家都會貼出當天開放頂樓供住戶遠望五山的告示，留學生們也忙著彼此交換訊息，想知道誰家頂樓能看到最多座山頭。為了清楚見到五山，以觀光聞名的京都，許多地方也會推出登高望遠的各種配套方案。某年，我們便受長輩之邀，參加一場於某旅館舉辦的現場鋼琴演奏，並享用了法式料理，最後登上旅館頂樓眺望所有山頭。

位於御苑附近的這座旅館當天頂樓人多得擁擠，當第一座「大」字點燃時，大家不禁「啊！」地叫了出來，接著倒吸了一口氣，原來在「大」字左上方掛著一輪又圓又紅的明月。由於離我們最近，大字燒得火紅，和月色同樣明亮，東方夜空的黑幕瞬間被火光吞噬，好似夢幻場景。只見火光尚未轉弱、人們還看得入迷時，第二及第三座的「法」、「妙」字又接著燒了起來。雖然最後遠方鳥居形小得幾乎難以辨認，但我總算在這個特別的夜晚，完成一次望遍六座山頭的心願了。

不同於七月份祇園祭的熱鬧喧囂，「五山送火」時，安靜

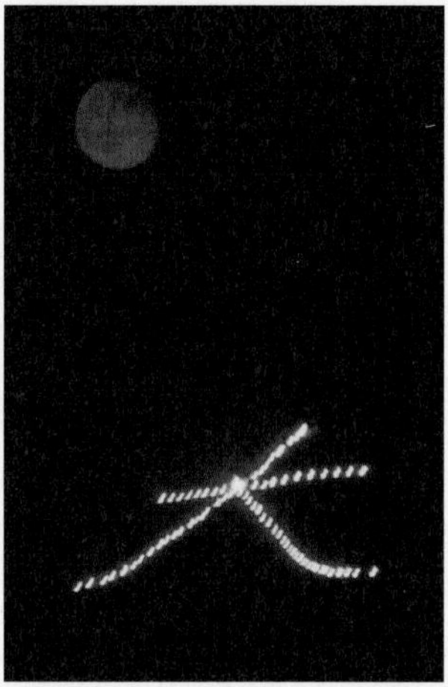

◎ **右圖**｜八月十六日當天早上，堆起柴火堆的「法」字。**左圖**｜伴著火紅明月燃起的「大」字。

且平和地打從心底默默祈禱，我想便是最適合這場莊嚴儀式的方式了。

奇妙的是，五山送火結束後，京都的夜晚氣溫便降了下來。看來五山送火不僅送走了先靈，也送走了京都的夏日。

秋

九月・長月

鴨川限定享受：川床料理

Yuka Ryouri

長月（ながつき，nagatsuki）──指隨著秋日漸進，夜晚時間也變得更長。

數年前第一次造訪京都，是在九月。當時心中有些訥悶：「九月既無櫻花、也無紅葉，更錯開了京都三大祭典，何來趣味可言？」

然而，當我開始生活在京都，漸漸地也能享受起「九月」的趣味了。

首先，這個月份雖然沒有大型祭典，但只要翻開京都記事，便會發現其實有許多有趣的行事：九九重陽、陰曆八月十五的中秋觀月祭、鞍馬寺的「義經祭」、梨木神社的「萩祭」、秋分舉行的晴明神社最大行事「晴明祭」等。另外，由於避開了櫻花及紅葉、熱鬧非凡的七月祇園祭、八月的七夕祭典及五山送火等，九月的京都相較起來遊客極少，幾乎到哪都能隨心所欲。最後，九月正值夏秋交替，天氣宜人，既有溫暖日照、又有涼爽微風。有些夏日的活動一直延續到九月，若七、八月耐不住炎熱而提不起勁，趁著氣候宜人且遊客稀少的九月出遊，再適合不過了。如此絕佳條件，只愁時間不夠用，怎會嫌無趣呢？

在這般季節，來到川邊享受「川床料理」，也許是不錯的選擇。

每年五月左右，貫穿京都市中心的鴨川，沿岸餐廳會在戶外搭起高架，讓客人坐在高架上，望著鴨川景致，迎著涼風，享用美食，這便稱作「川床料理」，或稱「納涼床」。到了九月底左右，天氣漸涼，不適合戶外用餐，這些餐廳便會拆卸高架，享用川床料理只得等到隔年了。京都夏季是有名的酷暑，若想在鴨川舒適地享受川床料理，只有在剛搭起高架的五月，以及拆卸高架前的九月，氣溫最為合宜。

九月的川床還有其他好處。由於七、八月太過炎熱，為保食材新鮮，許多餐廳中午不提供戶外的川床料理。偏偏這些餐廳提供的都是高級料理，晚餐大多需要上萬日幣的預算，多少令人卻步。但在五、六及九月，餐廳午餐時段也會開放川床，因此可用較低的價格享受午間的川床風情。尤其到了九月，避開了夏季之前的梅雨季，不怕大雨掃興，也不擔心雨後帶來的蚊蟲，算是最適合享用川床料理的季節。

在此也偷偷告訴各位一個小技巧，如果覺得川床料理不合口味，或是預算不夠，三条通靠鴨川邊的連鎖咖啡廳同樣也搭建了川床，這裡可能是最經濟便宜的「川床料理」了，只

不過提供的是咖啡。同樣地，咖啡廳的川床六至八月只開放晚間時段，只有在五月和九月，才會在中午也開放川床客席。

書寫至此，我不免感嘆數年前的自己，要是早些熟悉京都的四季變化，也許就不會抱怨九月的寂靜，反而該為這舒適的氣候感到慶幸吧。

◎ **上圖**｜五月份，鴨川岸邊開始搭起「納涼床」。**下圖**｜鴨川沿岸的座席，五至九月可在夜晚享用「川床料理」。**左圖**｜白天享用「川床料理」別有一番情趣。大部分餐廳只在五、六、九月開放午餐時段。

秋

十月・神無月

時代祭是大型扮裝遊行

Jidai Matsuri

神無月（かんなづき，kannaduki）——「神無月」的名稱有個有趣的由來，據說每年十月，神明們會聚集在出雲國（位於現今島根縣）商議政治，形成各地方上無「神」看管的狀態，所以稱作「神無月」。相對地，只有出雲地方稱十月為「神有月」。

京都三大祭之一的時代祭，比起其他兩大祭典——葵祭和祇園祭，歷史實在很淺，一般人能夠參與的部分也不多，大概就是提早占個好位置，看著遊行隊伍從頭走到尾吧。

正因此，我第一次觀賞完時代祭之後，坦白說心中多少有些失落。整個「時代祭」耗時大約三小時，過程中約兩千位扮成「古人」的遊行隊伍以忽快忽慢的速度行進。剛開始，我為這大型的「扮裝嘉年華會」覺得興奮，還努力地辨認自己知曉的歷史人物。但看到中場時，卻漸漸失了耐心。也許因為我對日本歷史並不熟悉，所以對於歷史人物能夠栩栩如生出現在眼前，實在提不起什麼興致。

就像「葵祭」隸屬於下鴨神社及上賀茂神社、「祇園祭」隸屬於八坂神社管轄一般，「時代祭」也有負責的寺社，便是地位特別的「平安神宮」。平安神宮建於一八九五年，對於

◎ 帶領時代祭隊伍出場的，是坐在馬車上的京都府知事及京都市長。

古城京都來說，一百多年的歷史尚稱得上年輕。一八九五年正逢「平安遷都」一千一百年，也就是一千一百年前，天皇將皇宮遷來京都，因此人們建了平安神宮，祭祀從前選中京都作為都城的桓武天皇。為了慶祝平安神宮的建立，後人便舉行了時代隊伍遊行，穿上古代服裝，扮起歷史人物。遊行隊伍的裝扮，上從桓武天皇的延曆時代（西元八世紀末至九世紀初），下至明治維新（西元一八六八年），如同將京都的歷史回顧了一遍。隊伍從天皇從前居住的京都御所出發，經過現代的重要市政機關——京都市公所，最後抵達平安神宮。

最佳的觀賞地點應該就屬出發點和終點，以及京都市公所前方的寬闊廣場，不過好座位是要對外售票的。但留學生擁有一項福利，便是京都市國際交流協會提供的免費觀覽席。

因此，雖然第一次觀賞時最後失了興致，但我還是接連去了幾次。幸好第二次參加時，身旁跟著的是對日本歷史狂熱、提到歷史便滔滔不絕且漫天說書的外子，使得原本對我來說缺乏趣味的扮裝遊行，突然成了行動歷史教科書。

「妳看前面那個就是三条實美公卿，妳最喜歡的那個井水……對對，就是常去打水的那個梨木神社※註一，就是祭祀他和他爸爸的。唉，當初遷都東京，原本連御所都要被廢

◎ 帥氣十足的「巴御前」。

止的，要不是他極力反對，京都哪還有今天？實美公是京都的大恩人啊！」

「唉呀！那就是巴御前※註二，日本最有名的女武者！看吧，和其他的平安朝女性，氣勢完全不同呢！」

記得當年正值NHK播出長達一年的歷史電視劇（大河劇）「龍馬傳」，當坂本龍馬的扮裝人物走過群眾面前時，展現出豪邁的模樣，人們還禁不住歡呼了起來。

外子興奮地將時代祭行列中他所瞭解的歷史人物，一個個仔細述說給我聽，連旁邊的其他留學生都忍不住轉過頭來聽故事了。不過，人物關係實在太複雜，聽到後來，我早已暈頭轉向不知其所云。但我這會兒才瞭解，原來時代祭是如此有趣又極富意義呢。●

註一 位於京都上京區的梨木神社，裡面的井水稱「染井之水」，是京都三名水之一。每日都有許多居民到這裡打水，甚至裝在瓶中帶回家作為日常飲用水。

註二 平安時代末期的女性武者，武士源義仲之妾。傳說身手矯健，在戰場上不遜於男性。

壹

梨木神社

なしのきじんじゃ，Nashinokijinja

住 京都府京都市上京區寺町通廣小路上る染殿町680

W nashinoki.jp

神社內有京都三名水當中唯一僅存的「染井」。時常可以看到居民帶著罐子來裝水。

弍

平安神宮

へいあんじんぐう，Heianjinguu

住 京都府京都市左京區岡崎西天王町97

W www.heianjingu.or.jp

秋

十一月．霜月

吉田山的私房路線

Momiji Gari

霜月（しもつき，shimotsuki）——一說是為「霜降月」一詞省略而來的，如字面所示，指的是降霜的月份。

京都的秋天，大約到了十月、十一月左右，不知怎地總是特別繁忙，我的行事曆上總排滿了各式行程。日文中有「讀書之秋」、「食慾之秋」、「文化之秋」、「藝術之秋」等詞彙，據說是因為秋日天氣宜人，許多活動都喜歡在此季節舉行，像是運動會啦、學園祭等。尤其在京都，賞秋日紅葉可是重要的行事之一，雖然全日本四處都見得到紅葉蹤影，但若紅葉背景能夠配上京都的古寺社，無論是黝黑的木質建築，或是紅得發亮的鳥居，紅葉都顯得更好看了。

十月初，學期才剛開始，京都大學的學生們心情似乎又浮動了起來。為了十一月下旬為期四天的「京都大學十一月祭」（November Festival，簡稱「NF」），各社團組織可是忙得不可開交，整年就為了等著在此時熱鬧一番。

我沒參加過其他學校的祭典，但我私自猜想，京都大學的十一月祭應該比其他學校來得有意思吧。一八九七年創立的京都大學，在國際上名氣雖然比起東京大學差了那麼一點，但諾貝爾獎的得獎人數兩校幾乎不相上下，尤其京大的理科

◎ 京都大學的代表建築「時計台」，及正前方的楠樹。

得獎人數較多，據說是因為東大系統化的教學擅長培養出國家優秀的官僚，而京大校風自由則造就了學生的研究風氣。的確，日本人總說京大出怪人，京大學生也常做出許多稱得上「破天荒」的言語或行動，令人莞爾不已。因此我雖然並未參加任何社團，但每年總是期待在十一月祭欣賞京大學生們的創意。

京都大學旁邊便是吉田神社所在的吉田山，有次，我與友人逛完了十一月祭後，從校門口遠望到吉田山上紅葉茂盛，一時興起便登上了。這才發現，秋天的吉田山，是鮮為人知的賞紅葉聖地。

吉田山上座落的是「吉田神社」。也許有些讀者曾讀過《鴨川荷爾摩》（鴨川ホルモー，萬城目學著）這本喜劇小說，其中有個京都大學的神祕社團組織——青龍會，便是在吉田神社舉行令人不禁捧腹的神祕儀式。現實生活裡，京都大學當然沒有「青龍會」這個神祕社團，吉田神社也不舉行小說中的神祕儀式，卻不時有許多料理相關人士會來此參拜。因為隸屬於吉田神社的「山蔭神社」，所祭祀的便是傳統日本料理流派「四条流庖丁道」創始人——藤原山蔭（西元八二四～八八八年），他被後世奉為料理之神。而同樣隸屬吉田神社的另一所「菓祖神社」，祭祀的則是將「菓子」帶回日本的人物——田道間守（西元一世紀）。傳說當時他所帶回的「菓子」，其實指的是「橘」類的果實。小小一座山頭，可是大大守護著日本料理，以及日本菓子點心的蓬勃發展呢。

吉田山頂有座小公園，可俯瞰市街景色，山中的樹林裡更隱藏了一間木造建築，是知名的山中咖啡廳「茂庵」。這是大正時期的「數寄者」（指喜好風雅、醉心於藝道之人）谷川茂次郎（西元一八六四～一九四〇年）為了在山中舉辦茶會所建造的。原本有八座茶室及其他供客人用餐的建築，整座山頭便是偌大的「茶苑」，由此可想像當時這座山頭聚集了多少風雅人士，在這大自然當中的藝文沙龍交遊。現今山上只剩下寥寥幾棟建築，被登錄為國家指定有形文化財，其中原本供茶會客人用餐的「舊點心席」，在數年前由谷川茂次郎的孫子改裝成了咖啡廳——「茂庵」。

吉田山頭上竟有著如此好景致，有著寺社及古蹟，還藏有那麼多的故事。造訪「茂庵」的旅人不算少，但特地來此賞紅葉的人似乎並不多。我們大概花上一個多小時，便把整座山繞了一周，還登上山頭俯瞰秋日的京都盆地。從另外一條路下山後，突然發現一座精緻的寺院，滿是鮮明的紅葉及觀

◎ 若碰上氣溫不穩定，葉片不會一次全轉紅，常使得旅人們敗了興致。但紅、綠、黃交錯而成的景色，何嘗不是美景呢。

◎ 京大台灣留學生會於「十一月祭」賣力推廣台灣小吃。（攝影・Peter Tsai）

賞的人群，細看之下才知道，這兒便是以紅葉景致知名的「真如堂」。真如堂的整體面積並不算大，卻植滿了楓樹。正因為面積並非寬廣，因此本堂、三重塔、石階梯等建築，像是被樹海包圍著一般，而走在其中的旅人，則像是穿過了長長的紅葉隧道。

這番誤打誤撞，竟讓我摸索出了由京都大學跨越吉田山、抵達真如堂的賞紅葉路線。之後我便介紹紅葉季節來京都賞玩的朋友，首先造訪京都大學的十一月祭，體驗年輕活力，接著登上吉田山，造訪神社名剎，在「茂庵」用餐歇息再到山頂觀景，最後抵達真如堂，觀賞令人難忘的紅葉景致。

對了，京都大學台灣留學生會在二〇一〇年總算申請參加了十一月祭，在學校裡擺起攤位，販賣粽子、鳳梨酥、蘿蔔糕、珍珠奶茶，還提供許多台灣的日文觀光手冊資訊，大獲日本學生的好評，供不應求。大家若有機會造訪十一月祭，別忘了尋找是否有台灣留學生會的蹤影，幫這些海外遊子們打打氣吧。●

壱

吉田神社

よしだじんじゃ，Yoshidajinja

住 京都府京都市左京區吉田神楽岡町30

W www5.ocn.ne.jp/~yosida

竹中稲荷社、山蔭神社、菓祖神社皆隸屬於「吉田神社」。吉田神社鳥居前方左右皆為京都大學校區。

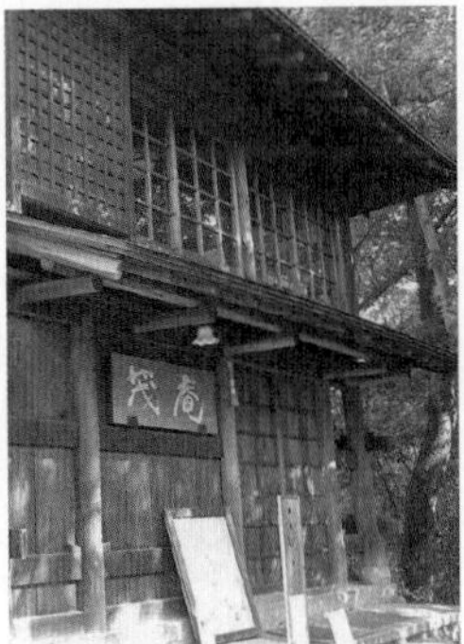

弐

茂庵

もうあん，Mouan

住 京都府京都市左京區吉田神楽岡町8

W www.mo-an.com

原本供茶會使用的「舊點心席」，現今為山中咖啡廳「茂庵」。為國家指定有形文化財。咖啡廳營業時間為11:30至18:00，每個月也舉辦對外開放的茶會。

参

真正極樂寺

しんしょうごくらくじ，Shinsyougokurakuji

住 京都府京都市左京區淨土寺真如町82

W shin-nyo-do.jp

俗稱「真如堂」（しんにょどう，Shinnyodou）境內植滿了楓樹，樹海中聳立著三重塔。每年十一月，真如堂境內不僅紅葉美麗，更會開放参觀古來寶物「觀經曼陀羅」圖。

冬

十二月 · 師走

跨過除夜鐘的神社新年

Hatsumoude

師走（しわす，shiwasu）——「師」在此處指僧侶，從前指僧侶們年末四處讀經、為了佛事而繁忙的模樣。

日本過的是新曆年，每年十二月三十一日晚上七點多到十一點四十五分，電視會播放「紅白歌唱大賽」。來京都的第一年，我還不清楚京都人跨年時都做些什麼，原本想在宿舍裡靜靜地看著電視跨年，結果宿舍裡幾個中國學生問我要不要加入他們的跨年行程，我便跟著他們去了。

幾位熟門熟路的中國學生們大概晚上九點多，帶著我在八坂神社前方的東大路通遊走，先是進了一間中華料理店，「在這裡邊吃年夜飯、邊看紅白大賽，等下我們就去神社參拜，從這兒去比較近。」

我們吃了整桌道地的中華料理，看完了紅白，聊完天已是零時十分。帶頭的學生一聲令下：「該走囉！」大家便沿著東大路通往北，快走到八坂神社門口時，我這才發現，八坂神社正門口面對著的四条通上竟然擠了滿滿的人潮，原來大家都趕著在一月一日凌晨到八坂神社參拜。只見警察出動管制人群，一次只放一批人進去，並且只進不出，必須從另一頭離開。我們是從側面過來的，只排上十幾分鐘便進神社了。踏上神社階梯往下瞧，只見平常車水馬龍的四条通滿是一望無際的人群，在馬路對街等著蓄勢待發。

進入神社之後，人群便散開來了。神社內四處點著亮黃色的紙燈籠，有人參拜、有人求御守、有人求籤。我們就這樣沿著八坂神社、圓山公園、高台寺、寧寧小路、二三年坂、清水寺的路線，花上四、五小時走過一大圈。這區原本就是觀光地，平常白天便熱鬧至極，沒想到在跨年這天，許多店家通宵營業，平時看慣了的風景，今天又是另一番氣氛了。

原來，在日本，人們習慣在跨年夜到寺院聽「除夜鐘」，過了十二點之後，再前往神社行新年的第一次參拜，稱作「初詣」。以佛教的儀式送走一年，再以神道作法迎接新的一年。「除夜鐘」是日本佛教寺院在年末所行的儀式，在十二月三十一日午夜十二點前後，寺院會敲響一百零八下鐘聲，據說這代表了人們的一百零八樣煩惱，敲響一百零八下鐘聲則代表除去這一百零八樣煩惱。而東山地區的觀光景點密集，正好讓人們在知恩院聽完除夜鐘後，前往旁邊的八坂神社行「初詣」。

回想起來，真是感謝那幾位中國同學，帶著什麼都不懂的我一同跨年，讓我留下了非常特別的回憶。之後我便愛上了

◎白雪、燈光、褐色寺院、朱紅神社，這年的跨年夜，充滿著奇幻的七彩光芒。

這條跨年路線，總建議新來的台灣留學生們即使人潮擁擠、還得熬夜不眠，至少也要走上一回。

記得二〇一〇年底特別冷，平時不太積雪的京都，這年冬天卻積了好一陣子的雪。年底這天，雪還堆得好高，我們幾個友人約好在家酒足飯飽後，便搭車前往四条通，為的是要繞完這圈跨年行程。

我們凌晨一點左右抵達四条通，從八坂神社的正面排隊，沒想到竟然排上了一、兩個小時。大家邊發抖邊聊天等待，好不容易進到神社之後，立刻都被眼前的景色鎮住了——黃色的燈籠把神社的朱紅照得發亮，當中又透出白雪的結晶，忽隱忽現。

八坂神社、高台寺、二三年坂、清水寺……當天晚上的所有景致，大約是我至今看過最美的雪景了吧。褐色及朱紅的寺社建築上堆著厚厚的雪，映在夜晚月光及燈光下，呈現出各種奇幻色彩。時間正值午夜，一切如夢似幻，新的一年便在我們陶醉在雪景當中時，悄悄到來。

壱

高台寺
こうだいじ，Koudaiji

住 京都府京都市東山區高台寺下河原町526
W www.kodaiji.com/index.html

弐

寧寧小路
ねねの道，Nenenomichi

参

八坂神社
やさかじんじゃ，Yasakajinja

住 京都府京都市東山區祇園町北側625
W www5.ocn.ne.jp/~yosida

又被稱作「祇園桑」，不僅是舉辦「祇園祭」的主要地點，更是旅人必定造訪的神社。每年「初詣」人數據說約有一百萬人次。

冬

一月・睦月

過個不一樣的京都新年

Oshougatsu

睦月（むつき，mutsuki）——有新年闔家團圓、和睦相處之意。人們會在家中享用許多正月的特別料理。

在台灣時，隨著年齡增長，我對新年的印象似乎也漸漸淡了。搬到高樓大廈後，也不貼春聯、不剪紙了，由於家中吃年夜飯的人口變少，甚至連年夜飯都在外面訂桌來得省事。但在京都，一切似乎就不同了。可能因為身處異地吧，過年的每一項行事、每一樣擺飾，看起來都如此新鮮有趣。尤其京都人重季節和行事，無論大街小巷，必定會看到符合節慶的擺設，或不同季節行事該吃的食物，時時提醒著人們是該準備下一項行事，或是又到季節轉換之際了。

日本過的是新曆年，因此在跨年聽完除夜鐘、到神社行初詣之後，便是好幾天的新年假期。某年，京都出身的長輩夫婦邀請我和外子於新年期間到家中作客，說想和我們分享一些過年的料理。

剛抵達長輩家，我們就被帶到樓上的和室。長輩表示因為當天是特別的日子，希望讓我們在和室中享用京都特別的過年食物。女主人首先端上一杯茶，茶湯看來是一般的日本煎茶，裡面卻放著一小塊昆布以及一顆梅子。原來這是京都在新年時特有的飲用法，稱「大福茶」。大福茶起源於平安時期天曆五年（西元九五一年），當時都城染上流行病，京都六波羅蜜寺的空也上人在茶內加入梅干以及昆布，讓病人飲用，疫情竟因此好轉，因此村上天皇每年元旦便會飲用這種茶。由於從前是天皇飲用的，因此稱作「王福茶」或「皇服茶」，而後演變為帶有新年祝福之意的「大福茶」。

熱茶之後，女主人接著端上了兩個托盤，上面有一碗濃稠的湯、一小碟菜、一皿酒，以及寫著我們名字的筷子。她仔細地和我們解說每一樣食物及器皿。

濃稠的這碗，稱作「雜煮」（ぞうに，zoumi），顧名思義，就是各種材料一同煮成的料理。一般是在高湯中加上一塊「餅」（もち，mochi，類似中文的年糕或麻糬）以及各種材料，至於高湯底和裡面所加的材料，則依照地域或每個家庭流傳的習慣各有不同。京都的雜煮使用的是白味噌，湯底如同奶油般濃厚，裡面放著餅、芋及白蘿蔔，每種食材都削成圓形，意思是期望接下來的一年都能夠圓滿。

這讓我想起了曾經在茶席中見過的一款菓子「菱葩」（ひしはなびら，hishihanabira），這款菓子只在新年現身，其由來也是新年時的「雜煮」。原來，從前宮中便有在正月時吃「餅」

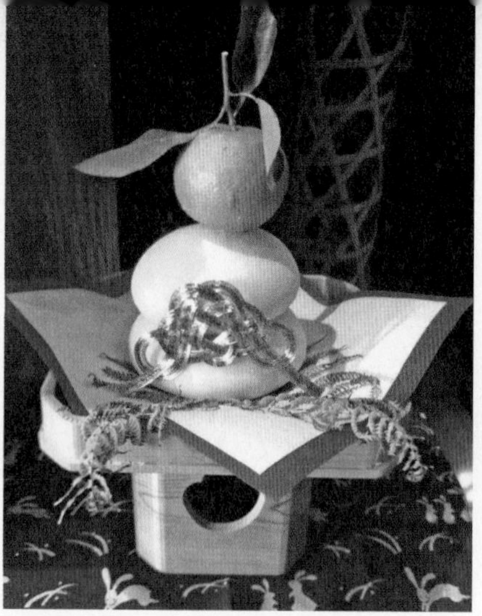

◎ **右圖**｜正月時的吉祥裝飾品，以兩塊「餅」堆成的「鏡餅」，上面擺放著「橙」。「橙」的日文讀音同「代代」，象徵世代長久之意。**左圖**｜放有梅干及昆布的大福茶。過年飲用大福茶，是京都特有的習慣。

料理，也就是年糕、麻糬料理的習慣，說是為了咬堅硬食物以便鞏固牙齒，延年益壽。明治時代，茶道流派裏千家的十一代家元（流派掌門人）玄玄齋，便以這種傳統年菜為發想，委託菓子店製作一款菓子，成了今日見到的「菱葩」——以「餅」皮裹著另一塊粉紅色的「餅」，中間還夾著白味噌及糖煮牛蒡。白味噌及牛蒡意外地搭配，吃起來鹹鹹甜甜，餅皮又帶勁。

話題回到眼前的新年料理吧。小碟子中的小菜是牛蒡及鯡魚卵，都是日本人過年時必吃的料理。鯡魚卵的日文寫作「數之子」，意指數量繁多的魚子，正與這串魚卵的外型相符。由於會令人連想到子孫繁榮，因此「數之子」就被當作吉祥物了。

酒則稱「屠蘇」，是去除邪氣、祈禱長壽所喝的藥酒。過年喝屠蘇是古時由中國傳來的習俗，女主人還特別解說，小皿上畫的是雙葉葵，同時也是下鴨神社的「神紋」。其實長輩居處就位在下鴨神社正前方，他們是下鴨神社的「氏子」，也就是在這地區受下鴨神社所守護的人。過年飲用「屠蘇」是全日本共通的習俗，而「大福茶」是京都特有的，據說在京都，比起屠蘇，許多人更堅持一定要喝大福

◎ **右圖**｜「菱葩」餅，粉紅色的麻糬皮，裡面包著另一塊麻糬以及白味噌和糖煮牛蒡，是只有新年時才嘗得到的菓子。**左圖**｜雜煮、牛蒡、鯡魚卵、小魚乾、屠蘇酒。皆是新年時祈求吉祥、健康的食物。

茶才行。

此外，盛裝「雜煮」的容器是漆碗，男性用紅的，裡面是金或黑色；女性用黑的，裡面是銀或紅色，有時還會鑲上家紋。而筷袋上寫著我們的名字，不寫姓，是因為長輩把我們當作自家的兒女來看待了，實是感激。

我們用完了這幾道特別的料理，接著長輩帶我們到飯廳享用晚餐，飯後還端上了飲料及餐後點心。新年期間的這趟拜訪，除了感受到溫馨之外，更令我欽佩的是京都人的「OMOTENASHI」（款待之心）。從進門到離開，和室擺設、新年特別料理、晚餐、點心、伴手禮等，每個程序似乎都是主人早已計劃好了般，身為客人的我們，又驚又喜，像是參加了一場難得的宴席。

原來這便是京都的新年，以及京都的待客之道呢。●

冬

二月・如月

以趕鬼迎接春天的來臨

Setsubun

如月（きさらぎ，kisaragi）——由來說法諸多，有一說指因天氣寒冷而再穿上層層衣服之意：「著」（ki）了衣之後，「更著」（saragi）上一層層衣。

從節氣進入了「大寒」之後，我便因寒冷而畏縮著，每日數著「立春」的到來。而在進入「立春」之前，最讓我雀躍不已的，便是「節分祭」。

季節更迭的前一日稱「節分」，尤其是立春前一日的節分，大概是為了迎接春天到來吧，許多地方或寺院神社會在這天舉行盛大的行事，例如驅鬼儀式「追儺」、撒豆子、吃福豆和惠方卷等。節分時期，雖然寒冷，人們可是忙得不可開支。

我也趁機活動筋骨，玩樂一番。京都舉行節分祭最盛大的，便屬京都大學旁吉田山上的「吉田神社」。節分祭時，從學校圖書館走出來，才沒幾步，便可見到校門口擺著一整排八百多個攤販，有吃喝有玩樂，一路綿延排列直到吉田山腰上。

吉田神社的節分祭典持續三天：二月二日的前夜祭有打鬼的「追儺」儀式，二月三日節分當天的「火爐祭」，以及二月四日的後夜祭。其中最受到大人小孩喜愛的，是二月二日的「追儺」。平安時期傳自中國的追儺儀式，是一種驅逐疫鬼的習俗，在周代時，「方相氏」蒙熊皮、戴黃金四目面具、持戈盾驅惡鬼。雖然在發源地中國早已不見蹤影，這個驅鬼儀式卻在日本傳承了下來。平安時期時，「追儺」是宮廷中在十二月底舉行的行事，後來逐漸式微，直到江戶時代，民間在節分時期撒豆驅鬼的習俗，與從前朝廷中驅鬼的追儺儀式相結合，便成了現在節分祭的趕鬼儀式了。

現今吉田神社的「追儺」儀式，身材高大的「方相氏」戴著面具，領著小童，追趕著紅黃藍三隻鬼。只見鬼狼狽地往山上跑去，方相氏在後追逐，一旁圍觀的孩子們被這景象嚇得大哭不已，大人則在一旁樂得不可開支。某次我也隨著趕鬼的行列一同追到山中，儀式的最後，只見人們忙著排隊，原來鬼及方相氏、小童和工作人員們，竟然拍起大合照來了，旁邊還立著木板，寫明這張紀念照片是平成幾年度的鬼、幾年度的方相氏。看來雖然是傳承了千年的儀式，還是順應時代不同而調整成了現代化作法。

我總是喜歡在「追儺」儀式湊熱鬧，順便買「惠方卷」及抽獎用的「福豆」。「惠方卷」是用海苔包起來的壽司卷，據說

◎追儺式當中，被方相氏趕到山上去的三隻鬼。

在節分這天，朝著當年的「惠方」——也就是幸運方向，閉上眼睛，心中默唸願望，大口咬下海苔壽司卷，就能帶來好運。不過和「節分」時所行的「追儺」相較之下，惠方卷的歷史可短得多了，據說是江戶時代的大阪商人們為了祈求生意興隆及除厄，才開始了這項習慣。

至於「福豆」，是炒過的大豆。節分原本就有一項習俗，只要吃下與自己年齡同數量的豆子，便可帶來福氣。吉田神社販賣的福豆不僅能拿來祈福，每包還附上一張抽獎券，可測試自己新的一年福份如何。每年的福豆抽獎贈品都是由京都各大商家所提供，大獎還曾經出現過汽車一部呢。其他像是家電用品、禮券、食品飲料、京都特產等，種類繁多，得獎名單會公布在京都當地的報紙《京都新聞》上面。即使我總是不走中獎運，每年還是會為了應景，買包福豆來祈福試手氣。

◎節分祭時沿著吉田山排列著八百多個攤位。

雖然立春之後的京都仍然寒冷，但節分祭像是逼得人們從冬眠中醒來似地，經過了這場盛事，冬天凍僵的手腳也活絡了起來。不久之後，京都的人家便開始忙著擺上女兒節的雛人形，為女兒祈福，緊接著，又是一個櫻色春天的到來了。

京都之所以保存了千年傳統，並非刻意促成，而是因為人們祈求平安健康的心願，千年以來始終不變。隨著四季循環，人們以這種心情來行祭祀或供奉，更不曾因科技的進步，而有人定勝天的妄想錯覺。抱著對自然的虔誠及畏懼之心，年復一年、勤奮不懈，才得以將這些千年祭典、儀式、工藝、文化，傳承至今。

壹　京都四季繪卷

京都
稽古事

貳

日本箏

緣起日本箏的傳統學習之路

Koto

決定認真學習日本箏，對我的人生來說，是非常重要的一個抉擇，也是個轉捩點。

這樣說可能有些令人摸不著頭緒。其實我從國小到高中，讀的都是音樂班，大學時卻選擇了日文。由於捨棄了從小到大的專長，後來一碰到樂器，總有些「近鄉情怯」的畏懼，因此，當日本箏老師問我要不要參加準師範考試時，我猶豫了，並非因為數目不小的考試費用，而是我很害怕再次與樂器親近。

最後讓我下定決心的，是「想瞭解日本音樂」的一股衝勁。坦白說，剛到京都時，我受到許多文化衝擊，不僅包括生活習慣和想法上的不同，最大的衝擊在於，我在京都賞到的「美」，和我從前的認知有很大出入。日本美術的「平面」性質（日本發展立體透視法比西洋晚許多）、日式傳統當中的「減法美學」、日本藝術中常見的不對稱手法，甚至是傳統的日本音樂曲調（不同於西洋大小調音階的「陽旋法」及「陰旋法」音階），在在都讓我驚覺，從前所欣賞的「藝術」是多麼狹隘。

舉一個我親身體驗最為深刻的例子：在西洋古典音樂當中，有所謂協和與不協和音程，其中最令人豎起汗毛的，是號稱「魔鬼的音程」的「增四度」，也就是鋼琴上Do和升Fa的

◎ 由左至右，分別為箏（十三絃）、十七絃箏、二十絃箏。十七絃及二十絃為近代所改良開發的樂器，是為了擴展音域、演奏更多元化的曲目。分別為一九二一年、一九六九年所開發。（攝影．徐宿玶）

音程組合。因為非常刺耳，古時候西洋教會音樂甚至禁止使用增四度。不過京都市地下鐵「烏丸線」的電車音樂竟然大膽地用了「Si La Fa ~ Si La Fa ~」這個「Si」和「Fa」的不協和增四度組合，還不斷重複數次。第一次聽到這段音樂時，我汗毛直豎，心想：「這兒竟然大刺刺地告知魔鬼來啦？」之後細想，才發現自己犯了先入為主的錯誤，任何一個民族的藝術，豈能用其他民族的基準來檢視？

此後，我開始主動且大量地接觸那些原本不懂、無法欣賞的日本傳統文化，就算當下不解其意，也先「吃」進去再慢慢消化，如此腦中原有的價值觀自然會被解構，並漸漸築出新的價值觀。我這才發覺，原本自以為瞭解的所謂「藝術」，實在太過狹隘了。於是，我下定決心，以日本箏準師範考試為目標努力。

✣

正如其他傳統藝能一樣，日本箏也有許多不同流派或宗家，我所學習並接受考試的，全名是「公益財團法人．正派邦樂會」。「正派邦樂會」每年會在日本全國各地舉行考試，通過「準師範」考試合格，才算擁有流派認定的教學資格。

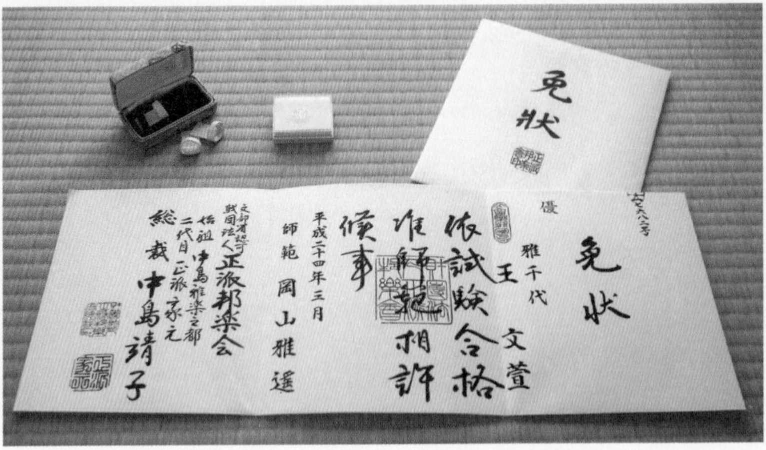

◎「公益財團法人．正派邦樂會」所頒發的準師範考試合格證書。升上準師範的每個人都能各自取「雅號」，我的雅號為右側所寫的「雅千代」（まさちよ，masachiyo）。

準師範考試所要求的，與其說深，不如說是廣——必須理解基本古典及現代曲目，以及日本音樂史、文學史、日本音樂理論、聽寫等。考試內容總計十三首曲子和五科筆試。

日本許多傳統藝能流派在傳承的過程中，有人堅守傳統之途，有人在傳統的根基之上進行創新，正因此，讓存續於現代的這些傳統藝能呈現多元面貌——可以演奏數百年前的傳統曲目，也可以和西洋交響樂團合作，演奏日本大河劇※註一的配樂，使這些音樂家喻戶曉。「正派邦樂會」就是這樣一個傳統與現代兼容並存的流派，不僅保留了古典，更隨著時代創作嶄新樂曲，讓日本箏不會顯得老舊而遭淘汰。

我花了幾年時間，熬過了漫長且嚴謹的訓練，總算通過考試，順利拿到日本箏準師範資格。透過準備考試的過程，我學習到日本音樂的歷史、樂理、樂器構造，並在親身體驗充滿日本傳統音樂的京都生活之後，突然發現，我所學習的日本音樂知識，每項都是一把鑰匙，這些鑰匙能讓我打開京都這個音樂盒，讓我將京都的各種聲音聽得更清楚。造訪日式料亭時，背景那些叮叮咚咚的日本箏音樂，從前聽來只不過是一堆高低音符的堆積，如今竟成了動人的旋律；祇園祭※註二 時節，四条一帶街巷中不斷重複播放的「祇園囃子」※註三，原本對我來說只是加強熱鬧氣氛的聲響，現在聽來卻是美妙的和聲；日本傳統戲劇「能」當中以人聲吟唱的「謠」，實際學唱之後，我發現那是一股從心底傳出來的、最原始且動人的歌聲。

從前覺得模糊的音符，現在都一個個鮮活了起來。不，不只是日本音樂如此，透過在京都的各項學習——和服、能、茶道、禮法等，每每總是在多接觸一點之後，便在生活中發現與其呼應的事物。這些學習，讓我的京都生活更往深處刻劃了一些。

一點一滴帶我往京都深處發掘，這便是學習日本傳統藝能所帶給我的京都生活最重要的意義了。●

註一 「大河劇」是日本放送協會（NHK）每年製作的電視連續劇系列名稱，多以歷史人物或某段時代為主題。

註二 京都三大祭典之一，參考三十二頁「七月．守護著町眾的祇園祭」。

註三 囃子（はやし，hayashi），伴奏音樂之意。「祇園囃子」指的是祇園祭時所演奏的音樂，每個地區的曲調、曲目、樂器組成各異。

日本箏

「法」字相伴的京都生活

Kyoto Life

我是事後才知道，在日本要找到能夠練習樂器的房子，實為難事一件。其實真要在家練習，也不是不行，畢竟租屋契約上沒有明文規定。但若是租屋，小則被鄰居抱怨，嚴重點大概會被房東警告。我小心翼翼地在租來的小屋中避開休憩時間、放低音量，偷偷練習了幾個月。後來搬家找房子時，我和仲介表示：「沒什麼特別的要求，只希望能練樂器。」話還沒說完，對方就皺眉頭表示：「這……不可能！」

原來，雖然租屋契約不會明確規定能否演奏樂器，但在尚未與鄰居們打過照面時，為了不讓自己介紹的客人給房東帶來麻煩，仲介一般是不會隨意答應的。後來，仲介好心幫我們撥了一個多小時的電話到處詢問，總算問到一間公寓，其中有一戶人家在家開設音樂教室。「既然已經有練樂器的先例了，這裡應該沒問題了。」就這樣，我們搬進了位於叡山電鐵「修學院站」附近的公寓頂層。

叡山電鐵，略稱「叡電」（Eiden），由京都大學附近的「出町柳」站往北連接到八瀨及鞍馬，是一條很熱門的觀光路線。從前我幾乎只有外出賞景時會乘上此車，現在卻成了通學時不可或缺的交通工具，因此每天上學時，和旅人們一同搭車，心情也總像是要去踏青似的。其中我們公寓所在的

「修學院站」就因為位於知名的「修學院離宮」附近而得名。

京都的住宅區就是這般有趣，老舊且帶有風情的木造房子、屋齡較新的公寓、百年傳承的老舖，甚至是歷史故事中的神社寺院等，全都協調地融合在同一個區域中。修學院站一旁便是千年源流不絕的鴨川上游——高野川，而我在這屋齡三十年的公寓六樓，每日透過落地窗望見的，便是京都「五山送火」※註一 時點燃火燄的其中一山——「法」字。

這兒大概算是旅人們較不熟悉的京都吧，但我卻覺得此處無論居住或旅遊賞景皆宜。坦白說，為了保有清淨，我還真想把這般好景當作心中的祕密。也許對老京都人來說，這裡被當作「洛北」，是從前京都市區北邊的郊區，已經不怎麼「京都」了。但有山川、有櫻花及紅葉、有四季景致，巷弄中藏著幾間京都老舖，生活便利卻又保有靜謐，這不就是人們之所以來京都，心中嚮往並追求的嗎？尤其到了春天悄悄接近時，我這才發現住家樓下所種的、冬天入住時那株不起眼的枯枝，竟是令人憐愛的枝垂櫻※註二。

✤

日本箏的準師範考試需要準備十二首指定曲以及一首自選

◎ 由家中朝北遠望的山景。

曲，老師給了我幾首曲目選擇，也許是受京都櫻花繁開美景的影響，最後我決定的是藤井凡大（西元一九三一～一九九四年）這位現代作曲家所寫作的《櫻花》變奏曲。

這首在台灣也廣為人知的《櫻花》，一般人以為是日本古來的民謠，其實據說是江戶時代（西元一六〇三～一八六八年）末期才寫作的曲子，作者不明。不僅年代並不久遠，原本還是為了作為日本箏的基礎練習曲所作的。義大利作曲家浦契尼的歌劇《蝴蝶夫人》（一九〇四年作），描繪美國軍官與日本藝妓的戀愛故事，當中便引用了這首《櫻花》；後世許多作曲家也以這個曲調為基礎，編成了各種樂器演奏的版本，如今可說是日本民謠的代表曲目。我私自猜想，這不僅是因為這首歌曲唱出了日本人精神象徵的櫻花，更因為曲調是來自日本音樂的代表性音階吧。

西洋音樂中有大、小調音階，大調聽起來開朗，小調聽起來哀傷。日本傳統音樂亦然，有聽來明亮的「陽旋法」，以及帶著悲傷情感的「陰旋法」，而《櫻花》便是以陰旋法音階為基礎譜成。

藤井凡大的《櫻花》變奏曲，首段是端莊典雅且緩慢的曲調，隨著不同的變奏，情緒漸漸高昂，最後以櫻花紛飛亂舞

◎春天，由一百多公尺高的法字火床向南俯瞰街景。

的櫻吹雪景色狂野地帶入高潮之後，一切又趨於平靜。就像是京都每年春天必然的循環，三月，櫻樹悄悄露出粉紅花苞，人們靜靜地引頸期盼；四月，人們開心地隨著滿山滿谷的粉紅花海起舞；五月，當一陣風吹起，成千上萬的粉紅花瓣忙著在天空中轉呀跳呀，風止時，又慢慢落下，在京都的大地上，鋪了整片的粉色地毯。

說到賞櫻，比起任何人潮不絕的觀光景點，我更愛在住處旁的川邊散步、野餐。縱貫京都市區的鴨川，北邊上游分作賀茂川及高野川，兩岸滿是櫻樹及楓樹，春日呈粉紅，到了秋日則轉為深紅。說來不怕人笑，這始終是我心中不解的一個謎，由於川邊的春日櫻花及秋日紅葉——也就是粉紅及深紅——總是太過於繁盛燦爛，我總心生疑惑，難不成這是新品種的樹木，春天開櫻花、秋日長楓葉來著？後來才知道，原來比楓樹更早泛黃及紅的，便是櫻樹葉片了，也難怪日本人不稱秋日「賞楓」，而稱「賞紅葉」呢。總之不知怎地，西側賀茂川沿岸的櫻花較為有名，而景致同樣美好的東側高野川岸，便成了當地居民獨享的賞櫻景點了。

每年八月十六日的「五山送火」行事，就是在京都幾座山頭依序點燃六個字與圖，用來引導先人的亡靈回到他界。其

◎ 由家中向北望，夏秋之際的「法」字景色。

中位置最顯而易見的「大」字，點燃字的火床約在四百多公尺左右的高度，對登山來說高度適中，是人們假日登高的好去處。而「法」字的山頭，相對來說地處偏遠，而且較矮些，才一百多公尺高，因此鮮少登山客。但比起「大」字，「法」字離地表近了許多，我甚至還能站在「法」字上望見自家窗戶。我時常散步到法字火床處俯瞰住處景色，尤其在春天時登上法字望著住處方向，更再次確認了自己的生活滿是櫻花圍繞，多麼幸福。

「法」字隨著季節更迭，還會換上不同的妝色。冬天抹上舞妓的稚嫩白妝，春天則像是長滿粉色雀斑的嬌羞少女；夏天是活潑的青綠，秋天則是深沉的黃褐。我每日靜靜地、靜靜地正座在塌塌米上，撫弄琴弦，享受著《櫻花》變奏曲及四周的櫻樹，與窗外的「法」字，在京都的空氣中交錯，產生共鳴。●

註一 京都每年八月十六日的行事，參考三十八頁「八月・送走夏日的五山送火」。

註二 枝垂櫻（しだれざくら，shidarezakura），指所有樹枝柔軟垂下的櫻花品種。

壹

叡山電鐵

えいざんでんてつ，eizandentetsu

W eizandensha.co.jp

叡山電鐵每日固定行駛稱作「きらら」(kirara)的展望列車，車窗特別大，座椅面對車窗，供乘客欣賞窗外景色。尤其在春秋的櫻花及紅葉季節，坐在車廂內，好似穿過粉紅及紅色隧道一般。

日本箏

生八橋的身世之謎

Yatsuhashi

日本箏和京都淵源頗深，深到幾乎所有造訪過京都的旅人，都品嘗過以日本箏為原型所做成的菓子。不過在談到這個菓子之前，還是先談談「箏」吧。

箏——「こと」（koto）這項樂器，於奈良時代（六、七世紀）時和唐朝中國宮廷的「雅樂」等經由朝鮮傳入日本。有十三條弦，以及用來調整音高的柱，樂器的各部位是以「龍」來比擬——龍頭、龍尾、龍舌等，由此可知這項樂器的地位不凡，是「龍」的象徵。雖然源自中國，但這項樂器傳入日本後，和中國的箏踏上了不同的進化之路。時至今日，日本的箏和中國的箏差異極大，不只是技巧，就連表現出來的音樂都截然不同。為了便於區別，我們現在用中文稱日本的箏為「日本箏」，其實在日文中，就只稱「箏」一字而已。

日本的箏曲音樂，在江戶時代（西元一六〇三年～一八六八年）發展蓬勃，尤其是自從一位名叫八橋檢校（Yatsuhashi Kengyou，西元一六一四～一六八五年）的盲官（「檢校」為他所任的官名）改良了演奏法及樂器構造、建立曲式之後，確立了近世箏曲的基礎，讓箏這項樂器能夠以主角身分嶄露頭角。

剛剛曾提到有款以「箏」為原型的菓子，不知讀至此，各位是否已讀到些端倪了呢？

在京都，有款人見人愛的人氣菓子——生八橋。不知自何時起，生八橋登上了京都伴手禮之冠，有好幾間店家都製作這款生八橋，還順應時節推出不同口味，秋日栗子、冬日草莓，更有稱霸全年的抹茶及芝麻口味等。生八橋的外皮柔軟，以米碾成的粉末製成，因此口感似麻糬。一般是摺成三角狀（有點像蛋餃吧），裡面包著各種口味的餡兒。這種水份較高、保存期限短（約十天）的菓子，大抵會加上「生」字，為新鮮之意。

不過，排列在生八橋旁邊、名為「八橋」※註一的菓子，似乎就沒有那麼受寵了。八橋是經烘烤成的褐色脆餅，帶有濃厚肉桂味，並且呈現瓦片狀。不說可能不知道，這如瓦片狀的八橋形狀由來，沒錯，就是八橋檢校所致力的樂器——「箏」。

由此可見八橋檢校對日本傳統音樂的貢獻度有多高，足以讓後人以箏為形、以八橋為名，做出這樣的菓子。據說八橋檢校去世後，人們為了緬懷他，開始製作箏形狀的八橋煎餅。八橋檢校的長眠地——京都黑谷一地的金戒光明寺，參拜道路兩旁的許多茶店便開始販賣供應這種煎餅※註二。只可惜菓子是傳下來了，八橋檢校及日本箏的知名度，卻比起

菓子差了那麼一截。而且煎餅八橋隨著保存技術及交通運輸的發達，以及現代人們喜愛吃軟不吃硬，地位漸漸被新開發的「生八橋」取代了。

✣

八橋檢校的長眠地——金戒光明寺，京都人稱為「黑谷桑」，是淨土宗的大本山之一，據說是淨土宗開宗的法然上人所建的第一處淨土宗寺院。境內有櫻、也有紅葉，尤其是紅葉季節，此處與東北方鄰接的真如堂，滿山滿谷的紅葉連綿不絕，堪稱京都賞紅葉著名景點。我也曾在秋天造訪過幾次附近的真如堂，整片染成紅色的小巧景致漂亮極了，不過當時卻未曾想到要看看「黑谷桑」。

某個八月天，算是考完試後抱著還願的心情吧，我造訪了金戒光明寺。才剛踏上山，眼前便出現了布滿山腰的整片墓地，我的心情也隨之肅穆了起來。也許正因如此，這兒遊客較少，多的是掃墓思祖的人們吧。

我想起了京都同樣以墓地著名的法然院。曾有長輩特地帶我到法然院墓地一遊，為的是看歷史名人的墓，除了帶著緬懷之情以外，還藉此學習歷史。大文豪谷崎潤一郎、日本畫

◎ **右圖**｜日本箏的「柱」，可用來自由調整音高。
左圖｜以箏形狀為構想所製作的點心「八橋」，為肉桂味的餅乾。

家福田平八郎、哲學家九鬼周造……眼前墓碑上所刻的，是從前在書上讀過數百次的人名，此時我竟站在他們腐朽肉身面前，好不可思議。我與這些歷史上著名人們的距離，好似很近、又似遙遠。

金戒光明寺的墓地比法然院大上許多。我在炙熱陽光下爬上山頭，好不容易在三重塔後方，發現了八橋檢校的墓。墓前有參拜者的姓名，包括了我所屬的「正派邦樂會」京都地區分會、以及京都的音樂組織「當道會」、還有現代箏曲演奏家兼作曲家池上真吾。看來與箏有關的人們，至今仍不忘來到墓前，抱著感謝及自我期許的心情，遙祭八橋檢校。

之前曾在書上讀到，日本自古以來重視精神層面大於物質，例如有日本人心之故鄉之稱的「伊勢神宮」（位於三重縣伊勢市），祭祀著日本最重要的神明——掌管太陽的天照大神。伊勢神宮每二十年一次會將建築完全拆解，並重新建造，建造方式一切依循古法。科學主義至上的西洋學者們心中有所不解，每二十年便更新的建築，實質上已不「古」、不是原來的那棟建築了，為什麼人們還將其當作心之所歸而行祭祀呢？這是因為日本人所信仰的，並非物質，也就是並不在建築本身，而是寄託在物質上的神靈，以及人們的意念。

我獨自站在八橋檢校的墓前，心中無限奔馳。八橋檢校去世數百年後的今日此刻，也許我的精神意念，真的在宇宙某處，與其交會了吧。●

註一 煎餅八橋的日文寫作「八ツ橋」，讀音與「八橋檢校」的「八橋」相同，為「やつはし」(yatsuhashi)。

註二 關於煎餅八橋的由來，一般是以源自八橋檢校的說法為主流，另外也有店家表示單純是仿作橋樑的形狀。

壹

法然院

ほうねんいん，Hounenin

住 京都市左京區鹿ヶ谷御所ノ段町30番地

W www.honen-in.jp

貳

金戒光明寺

こんかいこうみょうじ，Konkaikoumyouji

住 京都市左京區黒谷町121

W www.kurodani.jp

和服

穿和服一點也不浪漫

Kimono

我對穿著總是不怎麼在意，清潔、簡單、輕便為原則，因此也從沒想過要學習穿著和服。不過來到京都，不「體驗」一下和服，似乎說不過去。於是，我便和來京都觀光的朋友一起到和服體驗的大本營——清水寺周邊，找了間店，花上幾千日圓，挑了件喜愛的花色，請店家幫忙著裝。那是個繁花盛開的四月天，我們不免俗地在櫻花樹下拍了許多和服照。當時和服對我的意義，大概和許多造訪京都的旅人一樣，花樣美麗，又符合古都氣息，穿上和服拍照作為紀念，再合適不過了。

「和服很漂亮，不過穿上去連呼吸都覺得好累啊！」雖然似乎有矯正姿勢不良的效果，但當時和服對我來說，果然還是純觀賞得好，我的程度也只停在會穿夏日祭典用的「浴衣」而已。就算後來茶道課的茶會或三味線表演多少需要穿著和服，我卻從來不曾萌生學穿和服的念頭，認為只要在重要時節和大多數日本人一樣，到和服出租店花些錢請人穿便罷了。

直到認識了外子，我才開始對和服稍稍多加注意了些。其實我已經不記得前因後果了，總之我們第一次一同外出，他竟然穿著男性的正式和服裝扮——和服加上稱為「袴」的日式

◎ 在紅葉樹下體驗「舞妓變身」的旅人。

褲裙，而我當然是普通的便服裝扮。日後，我便常聽他提到為了想穿和服是如何找資料、看影片，花上好幾個小時摸索等（後來我才知道很少有人能夠自學穿和服），甚至為了能自在地穿和服上街，才決定選擇到京都留學。現在想來，這便是我被「洗腦」的第一步。

他接著把腦筋動到我頭上，「男生和服花樣好少，我幫妳挑女生和服，妳也來穿好不好？」和服細節繁瑣，就連要搞清楚穿著時的配件，都需要下工夫學習。既然有人主動要幫我做功課，我也樂得開心。於是等他備齊資料後，我們便四處尋找便宜的二手和服及著裝配件。但我不像他那麼熱中，說起來還真好笑，一開始是他先看書及影片，自己試穿和服，再一個一個步驟教我。不過說到底我們也只是個半路出家的師父和半吊子心態的徒弟，每每到了要打腰帶結就已累得滿身大汗了，只得宣告放棄。

日子一久，我漸漸心急了起來，因為需要穿著和服的場合愈來愈多，這下子總不能每次都倚賴外子幫我綁腰帶結吧。不過愈急的結果卻愈是失敗，到後來，我雖然能自己著裝，不過不僅花費很多時間、穿得不漂亮，每次著裝還會異常地頭痛……

此時，外子參加了一個和服著裝比賽，志得意滿地拿下了外國人組的獎牌。我當天也到現場觀賽，看著各國的參賽者不論男女老少，每個人都能手腳利落地自己穿上和服。我心想，既然大家都能學會，怎麼可能只有我學不會呢？為了破除和服在我身上所下的緊箍咒，我下定決心咬緊牙根，到和服教室開始了一對一的和服個別課。

✣

我將從前學的半吊子和服穿法完全拋開，重新來過，幾個月後，總算從緊箍咒中被解放了。但我卻漸漸明白，能自己穿好和服並非學習的終點，不過是看到了起點而已。原來，「穿和服」這件事與「和服體驗」時的心境完全不同，用意並不是為了讓自己光鮮華麗。

老師在課堂上教導的除了穿著技巧外，還有許多精神層面上的鍛鍊。日文中有「躾」（shitsuke）這個字，望文生義，身之美，指的便是學習規範、教養、禮儀作法之意。在傳統的日式裁縫中，「SHITSUKE」則是指為了將線縫直而事先縫上的假縫，也有端正的意思。

收拾、保養和服也不是件簡單的事。穿完後要先將和服曬

◎ 身著「振袖」和服的女性。振袖為未婚女性的禮裝，袖長且圖樣華麗。

乾，避免濕氣屯積在和服內。接著要細心地將和服摺好，摺疊時不可歪斜，一定要依照縫線，否則下次將衣服攤開時就會多了莫名的折線，影響穿著時的平整度。

為了利落並漂亮地穿好和服，需要許多事前事後的準備工作：穿著前將和服及配件逐件排好，穿著後將和服整齊收妥。著裝時，也是任何一個步驟都不可省、不可錯誤，否則穿出來的結果一定有差。老師說，這便是「SHITSUKE」——學會妥善、細心、有規矩地對待和服。著裝的同時，也學會在心中細細劃下一道道直線，並且用這種態度來對待生活中的人事物。

現在的我，仍然持續著「和服修行」。雖然我仍對穿著打扮不怎麼執著，不過學習和服時，劃在心中那一道道的直線，似乎多少在我的日常生活中起了些作用吧。●

和服

京都必體驗：和服變身

Kimono Rental

許多旅人造訪京都，尤其是女性，一定很難抵擋「和服體驗」的魅力。尤其是在櫻花或紅葉樹下，背景伴著具有風情的木造建築或神社寺院，留下一張身著和服的倩影。

許多旅人會巧扮成京都祇園的年輕舞妓，抹白了臉，身著「振袖」和服，袖長過膝，踏上十公分高的木屐，走路時華麗的袖子便前後擺呀晃的，青春可愛極了。舞妓的裝扮是將頭髮髻得高高的，並插上華麗髮簪，背後腰帶長長地垂至腳根；身上和服是京都最高級的染布技法「友禪染」，腰帶則是京都高級織物「西陣織」。或有些人扮成年紀較長、成熟的藝妓，和服及腰帶、髮簪都較為樸素，表現出的是成熟女性的魅力。其實舞藝妓的扮相及服裝，原本都是江戶時期京都富裕商家的千金小姐裝扮，喜愛京都的人們若能來這兒體驗一回舞藝妓變身，想必會是一輩子的美好回憶吧。

我曾看過電視訪問來京都立志當舞妓的小女孩，她說因為從前學校的校外教學造訪京都，當時看到街上可愛的舞妓及成熟的藝妓，好生羨慕，後來到了京都受專業訓練，才知道當時看到的那些並不是真正的舞藝妓，而是旅人們的「舞藝妓變身」。

不過相信體驗過和服著裝的女性，都會記得身上被捆了一圈又一圈不知名的道具，若被綁得稍微緊一些，還可能整天食不下嚥、連氣都喘不過來，還要穿著很難步行的「草履」（夾腳鞋）。看來美麗總是要付出代價的啊！

和服完全是以直線剪裁及縫合的，穿得好的標準，是要用和服將體型包覆得平整。請各位試想，今天若拿到一個葫蘆和一塊布，要怎麼用布把富有曲線的葫蘆包成一個圓柱型呢？這便是工夫所在了。除了要在和服底下配合身體的凹凸，補進許多布料或毛巾，穿上和服時，要如何把布料摺疊、收得漂亮，也是極為困難的。當然更別論要用好幾公尺的腰帶把自己團團圍住，並且在背後打出各種漂亮的結了，若是綁得不夠牢，在走動時這些布料容易鬆掉，所以需要用許多繩子來緊緊固定。

因此，除了看得到的道具配件之外，看不到的部分也不少。有內衣、衣領、毛巾、用來綑綁的繩子或布、鬆緊帶、甚至還有塑膠板等。對於沒有體驗過和服的朋友來說，這般描述，可能有些難以想像吧。

✣

現今最常看到和服裝扮的，可能是在觀光區的清水寺、東

◎ **右圖**｜體驗舞妓變身的旅人們，穿梭在京都的木造建築巷弄中。（攝影．劉學謙）
左圖｜著和服所穿的鞋子「草履」及搭配和服的手提袋。「草履」雖精緻美麗，但需要時間適應。

山、祇園一帶，身著和服的大多都是做「和服變身體驗」的旅人們。其中不只有外國遊客，現今日本懂得穿著和服的人較從前來得少，因此日本遊客也會特地來這裡做變身體驗。

除了觀光地之外，其實京都有所謂的和服街——室町通（日文中「通」即為「路」之意）。室町通與現今充滿辦公大樓的烏丸通平行，往西算一條便是。

室町通是南北方向的小路，其中南至五条通、北至丸太町通的這一段，自江戶時代起，便發展成和服商、大批發商的聚集地。也就是說，在從前，「室町」等同於和服產業的代名詞。幾十年前，聽說這兒還是車水馬龍的盛況，但現今和服產業低迷，許多店家早已結束營業。不過仍有幾間百年老舖不畏時代洪流，佇立至今。

順帶一提，和室町通垂直的，有一條稱「錦小路通」（東西向）的街道，其中西至高倉通、東至寺町通的這一段，便是著名的「錦市場」，又被稱作「京都的廚房」，由室町通步行至此只需五分鐘。這兒是旅人喜愛造訪的地方，更是京都許多料理店合作的進貨商，聚集許多販賣生鮮、京野菜、乾貨漬物、京都家常料理的老店等。若是對料理熟習的老饕，走訪一趟，便大略能在腦中拼湊出京料理的樣貌吧。

◎ 現今的室町通，已成了寧靜的市街地。

其實從前京都人心中的「京都市區」並不大，北稱上京、南稱下京。上京以京都御所為中心，許多茶道流派宗家、有名的西陣織，皆位於上京，是文化發展的中心。相對來說，下京則是商業中心，祇園祭所裝飾、行祭典的山鉾，是由下京的富裕商家們所負責保管並傳承。現今最現代化繁華的四条通一帶，從前已算是京都市區的南側。後來市區漸漸擴大，界限往南推移，上下京之間，才增設了「中京區」。換句話說，現今位於下京區的京都車站，從前並非繁華地域，已是市區之外了。而聚集許多和服商家的室町通、以及京都廚房的錦市場附近一帶，便是支撐起京都商業發展的富裕商業階層，這些居民們又稱「町眾」。

隨著時代發展，京都市區向外擴大，室町通及四条一帶也建起了許多百貨公司、商業大樓等。見不到從前和服產業興盛的模樣，讓人不禁有些噓唏，但至少「和服」以另一種姿態存續了下來。人們雖然已不將和服拿來當作日常衣裝，但旅人造訪京都時享受「和服體驗」的樂趣，或是愛好者將和服當作一種嗜好娛樂，甚至是將和服當成工藝品來鑑賞，也算是將「和服」這項傳統民族衣裝的意義，成功轉型了吧。

壹

祇園

ぎおん，Gion

住 由鴨川至東大路（八坂神社前）的四条通及其南北一帶區域

W www.kyoto-gion.jp

貳

錦市場

にしきいちば，Nisikiichiba

住 京都市中京區錦小路於高倉通至寺町通一帶

W www.kyoto-nishiki.or.jp

叁

清水寺

きよみずでら，Kiyomizudera

住 京都府京都市東山區清水1-294

W www.kiyomizudera.or.jp

和服

到二手和服店挖知識

Recycle Kimono

對和服入門者或是沒有家傳和服可穿的外國人來說，二手和服店實在是個很好的購物去處。日本的二手和服非常多，只要不介意二手貨，多花些時間尋找，幾乎都能以便宜價格購入超值好物。

從前，外子喜愛在網路拍賣上尋找二手貨，但這有些難度。首先，必須明確知道自己身體各部位的尺寸，雖然和服可以用穿著技巧來解決尺寸不合身的問題，但二手和服對我來說常常偏短，長度再怎麼補也不夠。此外，網路購物常有色差問題，有次本來以為會是鮮豔可人的紫色，結果買來發現是穩重老成的紫色……罷了，只好擺著二十年後再穿吧。總之，在網路上買二手和服，不僅眼要尖，必須憑些許的線索分辨好壞，還得碰碰運氣。

對理科的男性來說，也許研究這些尺寸數字、材質製法，甚至是網拍照片的反光角度，也是一種樂趣吧。我就完全沒辦法。

後來外子發現許多實體二手店舖，而且就位在繁華的市中心，我們便時常趁著到市中心購物時，順便逛逛二手和服。

我擅自將這些和服二手店分類成兩種，還取了稱呼：一種是「花車型」，一種是「服務型」。「花車型」，名稱來自於服飾店特價出清時，將商品任意放在花車上、未經整理的販賣方式。位於寺町商店街※註一 的某間二手衣連鎖販賣店就屬於這一類，店面不僅時尚年輕，還帶些牛仔風，經過時看到櫥窗擺有和服模特兒的美式風格店舖便是了。店裡一樓賣的是普通二手洋服，二樓則掛滿了和服及配件。花車型的店家優點是價格非常便宜，缺點是掛架上只寫著最簡單的分類，若對和服沒有一定的預備知識，便會不知如何下手。有些和服有破損或有髒汙，並未經妥善處理保管，所以也得靠眼力及耐心，才能找到合適的和服。再者，畢竟不是和服專賣店，店員也無法給予任何購買上的建議。

相對來說，「服務型」的店家價格雖貴了些，但衣服狀況特別好。沿著東西向的三条通，從河原町通一帶一直逛到烏丸通，大概會經過三、四間這樣的二手和服專賣店。這些二手和服店的商品大多經過消毒、去汙的處理程序，看起來幾近全新，而且店員大都精通和服，願意幫客人量尺寸，甚至配合預算給予搭配上的建議。

✣

我最常光顧的，是位於三条通上、與河原町通交叉口附

検針済
100%
100%
100%
抗菌・丸洗・消臭済
は専門店にご相談下さい
cm
cm
cm
¥15,750
¥15,000
しゃれ小紋
¥21,000
¥20,000
¥18,900
¥18,000

近，專營二手和服販賣的「TANSU屋本舖．三条河原町店」。「TANSU」是日文中「衣櫃」之意，日文字寫作「たんす」。也就是說，這兒不只販賣二手和服，還幫忙送洗、去汙，甚至提供保管和服的服務。就如同店名所示一般，這兒堪稱為客人的「衣櫃」。

記得第一次光顧「TANSU屋」，我連和服款式都分不清楚，店裡服務的是兩位身著和服的大姊，不僅親切地和我介紹，還幫我試穿。買了之後還不斷提醒我，下次一定要穿著和服到店裡去，她們會給我穿著技巧上的建議，若穿不好也會幫忙做調整。第一次購買之後沒幾天，我便收到了店裡寄來的明信片，背面寫滿大姊秀麗的字跡，鼓勵我繼續學習和服，並期待我能再次光臨。

其實從開始學習和服，直到能夠穿著和服上街，需要一段時間。如果技術不夠純熟，繩子綁得不夠牢，衣服位置抓得不對，行走或動作時，衣服都很可能會鬆脫。我初學時就曾經在咖啡廳不小心鬆了腰帶上的一條裝飾繩結「帶締」，情急之下怎麼也綁不回去，幸好隔壁桌的小姐主動出手幫忙，一下就幫我調整好了，想來還真是糗。因此，有了「TANSU屋」兩位大姊強力的支持，初學的我就算穿上街也

◎ **右圖**｜「服務型」的二手和服店，會將和服消毒、清理後折疊整齊。**左圖**｜「花車型」的販賣方式雖然種類眾多、價格便宜，但許多衣服並未經妥善處理。

不害怕了。

由於「TANSU屋」的三条河原町店位在繁華街道旁，我上街購物時幾乎必會經過，自此之後，我便常到店裡逛，並詢問店員大姊關於和服的知識。

這兒的店長是位男性，由於喜愛攝影，每次客人穿著在此購買的和服到店裡，他就會幫客人留下照片做紀念，並貼在店內牆上。

「TANSU屋」雖然是全國連鎖的店舖，我也走訪過其他幾間分店，但三条河原町這間分店給我的感覺就是不同。某次我忍不住詢問店長是否有什麼特殊的經營方針？他告訴我，「TANSU屋」的貨源雖然來自全國，但各分店想販賣什麼物品，都是由店長親自挑選決定的。在這裡，店長及店員會認得客人的面孔，並根據客人的需求及性質，決定下次要進什麼款式及花色。這裡主打的和服是可當日常便服的款式「小紋」，以及適合與小紋搭配的腰帶「名古屋帶」，小紋加上名古屋帶的組合，可說是逛街購物時的穿著首選。

原來如此，說起來，這裡販賣的不只是商品，倒比較像是和服教室，將稍有穿著門檻的「和服」一事，變得不再讓人覺得困難且有距離了。

因此，我在和服課堂上學到的知識，像是布料材質、織染法、花色、道具配件等，透過在二手和服店實際用眼睛、用手確認之後，原本枯燥難懂的知識，也不再是死的，而是真正鮮活起來，成為我京都生活的一部分。

註一 京都市區內最大商店街，位於南北向的寺町通上，南至四条通、北至三条通的這段區間內。

◎ **右圖**｜「TANSU屋」親切的店長，以及店長所拍攝的和服照。**左圖**｜「TANSU屋」三条河原町分店，商品以「小紋」（布滿重複小圖案的和服）為主。

和服

和服時裝秀

Nishijinori

京都處處充滿「古」——古蹟、古時傳承下來的老舖、古美術品、古來的各種軼事；也處處都是「新」——新建築、新式創意餐廳、新遷入的居民。不過就算新的人事物不斷流入京都，「古」卻仍然不曾被淘汰，仍在這座城市中活著；至於那些「新」，如果值得與「古」匹敵，經過時間篩選後，自然會留存下來，成為「古」的其中一員。

也因此，京都人喜愛講述古，也喜愛親近古，因為這原本就是構成京都的極大部分，是日常生活。

談到「古」，日本有個讓人覺得有趣的京都說法。話說皇居遷到東京不過是這一百多年來的事，在那之前，京都可是當了一千多年的首要都城，因此對東京人來說，創業百年就稱得上「老舖」，不過對京都人來說，百年歷史僅在眨眼之間，何來「老」字之稱。對於東京人所認為的「老舖」，京都人可是不以為然的，並非京都人故作高傲，而是很有可能在這些京都人的家中，或是隔壁鄰居，就是看似不起眼、實則創業三、四百年的店家啊。

在著名觀光區祇園附近，從八坂神社沿著縱貫南北的東大路通稍往北走，有個「美術之街」的小看板，這條新門前通又被稱為古董街，聚集許多古物、古美術品的販賣店。有次，我不經意闖入這條街，數間低調的木造建築店面，幾乎讓人感覺不到商業買賣的氣息。店內靜靜排列著古美術品，不特別寫上宣傳文字或標價，識貨者自然會懂吧。自覺不懂鑑賞、與這兒格格不入的我，便悄悄離開了。

除了這些靜靜等著被人們發掘的古物，也有其他古物用活潑的方式流通著，那便是每月二十一日於東寺舉行的弘法市，以及每月二十五日於北野天滿宮舉行的天神市。喜愛掏舊寶的人們、販賣古物的人們，每個月總會聚集在這兩地。「弘法」及「天神」分別指在東寺建立真言密教的空海（弘法大師），以及北野天滿宮的祭神菅原道真，而弘法市及天神市，就是分別在弘法大師及菅原道真公的「緣日」※註一 所舉行。

北野天滿宮的祭神菅原道真（Sugawarano Michizane，西元八四五～九〇三年）地位相當於中國的文昌君，也就是學問之神，許多考生考前會到北野天滿宮來祭拜，這兒也是著名的觀光景點。道真公和梅花淵源頗深，據說他遭貶被流放至九州時，京都的梅花竟一夜間跟著他飛奔到九州去了，這就是有名的「飛梅傳說」。於是，北野天滿宮境內一千多株梅樹，隨著季節更迭，二月賞梅、六月採梅、夏季曬梅，年底

製成「大福梅」，正好拿來在新年祈求福氣。道真公的生誕及逝世分別是在六月二十五日及二月二十五日（此兩日期皆為陰曆），因此，「二十五日」成了北野天滿宮的「緣日」，而熱熱鬧鬧遙祭道真公的方式，便是每個月二十五日的天神市了。

不知是否因為臨近「西陣織」的大本營，天神市的二手和服攤位特別多，價格又便宜得驚人。除了古物、古美術品、二手和服，每個月的天神市，總有些呼應季節的攤販商品，夏日販賣彈珠汽水、年末則販賣新年裝飾用的「羽子板」。此外還有年輕藝術家的各種手作工藝品，陶器、皮革、插畫、拼布等，活潑熱鬧的天神市，總讓人百逛不膩。

在天神市結束採購之後，建議對和服有興趣的旅人可以往東行，到附近的西陣一地走走。這裡有展示西陣織及和服的西陣織會館，有西陣織老舖「渡文」所經營的「織成館」，以及許多昔時行紡織工作的京町家建築，稱「織屋建」※註二。現今紡織工作多移到工廠進行，這些空下來的町家於是被改裝成各類用途，咖啡廳、餐廳、藝術家工作室、民宿等。

◎ **右圖**｜「織屋建」町家建築改建成的民宿，木造建築使人身心放鬆。（攝於「Guest House糸屋」）。**左圖**｜町家建築特有的狹窄通道。（攝於「Guest House糸屋」）

「西陣」這個詞，對喜愛歷史的外子來說，腦中浮現的卻是「西軍的陣營」。唉呀呀！美麗的和服，怎麼又和戰爭扯上了關係呢？

原來，「西陣織」（にしじんおり，nishijinori）是日本傳統的紡織物技術，西元五世紀末便存在。基本上是先將線染了色，再將線織成布，利用各種色線配合各類技巧，織出複雜多彩的圖樣。至於「西陣織」一詞的出現，是因為京都從前發生戰爭「應仁之亂」（西元一四六七～一四七七年），許多紡織職人四處疏散避難，直到戰爭結束後又再度回到京都，以戰爭時「西軍的陣營」當作據點，發展紡織物產業，後來，以西陣為據點的職人們所傳承下來的技術，就被稱作「西陣織」了。

在和服搭配上，有句話說「染物和服配上織物腰帶」，指的便是京都的「友禪染」配上「西陣織」，分別為和服及腰帶中的上等品，著正式裝扮時，以這種搭配最為上等且高級。

西陣織會館雖然不大，但其中的和服秀算是最有看頭，不僅入場免費，每天還上演七回，每場幾乎都排滿了旅人，以及旅人們手中的相機。從前還沒接觸和服時，來這兒總是走馬看花，見到一套套漂亮的和服，頂多只講得出：「啊，這套顏色真漂亮，圖案真美！」、「這套好華麗！」這類很表面的感想而已。對和服有些瞭解之後，看和服秀時便能辨別出和服的樣式及使用場合，並且還有餘裕欣賞和服的搭配方式。希望今後有一天，我能在觀賞和服秀時，辨識出各種圖樣的代表意義和材質。

我想，這便是京都吧。「古」的事物累積了許多層次，鑑賞者隨著知識增加，同樣的事物，無論看個幾次，都能在「古」事物中發掘「新」趣味。原來，真正陳腐無趣的，並非因事物古老，也不在於事物本身，而是在於人心哪。●

◎ 西陣織會館每日上演的和服秀。圖中為身著振袖和服的女性。

註一 「緣日」（えんにち，ennichi），指神佛生誕或顯靈得道日。

註二 「町家」是住職合一的建築樣式，將店面或工作場所、住家配置在同個建築當中，大多有固定的建築樣式。京都西陣一帶有許多昔時從事紡織工作的町家，稱為「織屋建」，是京町家建築中的特殊建築形式。為了避免紡織機造成噪音，「織屋建」將一般京町家「表屋造」建築形式中的「店面」（工作空間）配置在深處，而將「裏面」（居住空間）配置在外側。

壱

北野天滿宮

きたのてんまんぐう，Kitanotenmanguu

住 京都府京都市上京區馬喰町

W kitanotenmangu.or.jp

「天神市」於每個月二十五日舉行。一月二十五為新年第一回舉辦，稱「初天神」，十二月二十五稱「終天神」。這兩次的天神市，參拜者特別多。

弐

東寺

とうじ，Touji

住 京都府京都市南區九条町 1

W www.toji.or.jp

「弘法市」於每個月二十一日舉行，此外每個月第一個星期日，東寺也還會舉辦「古董市」。東寺當中五十五公尺高的「五重塔」，為日本第一高的木造建築。

和服

二手和服的震撼教育

Wasai

經過了幾個月的和服課程之後，我才漸漸發現，和服課程的內容出乎意料地廣泛，除了學習各種款式和配件的不同穿著技巧之外，還要瞭解各種場合應選擇何種款式、不同季節又得選擇哪些花樣及材質、哪種技法來自哪個產地、哪種花樣又該搭配哪些道具等。許多分門別類的知識，每個細節都成學問，哪怕花上個三、五年，也頂多習得基礎吧。

但這些知識，若不親眼看過、親手摸過，只靠書本，還真是讀過即忘。此時，在京都生活的好處便立即奏效了。由於京都有各種傳統職業，許多人平日便會身著和服，出門繞個一趟，便可從街上人們的和服穿著得到不少收穫。此外，街上也有各類與和服相關的店舖，都成了我最方便的知識來源。

我的和服相關知識並不是從和服教室開始學習，而是由外子領進門的。他本來就熱中收集資訊，因此我們購買和服及道具的方式，從一開始就像「打游擊」似地，到各個二手和服店詢問比較，這兒選一條繩、那兒買一條帶，自己拼拼湊湊，搭出心中想要的樣子。這種從做中學、從錯中求改進的方式，讓我們學到許多難得的知識及經驗。

正式上和服課之後，我常拿著在二手和服店及天神市的收穫請教老師的意見。言談之間我發現，老師似乎不太清楚京都哪兒可以買到二手和服；又有一次，我與老師提起「天神市」販賣二手和服的盛況，並表示這些二手和服對我來說真是助益很大。老師卻感嘆：「被賣到市集的和服真可憐呀……」

可憐？我從來沒想過被賣掉的和服可不可憐呢。

這時，我突然想起，某一次，日本箏老師曾借我一套她珍藏已久、卻一直沒機會穿的和服。當我穿完送還給老師後，老師來信告訴我：「能夠讓人穿上，想必和服也很開心吧。妳送回來的和服，比我送去之前更顯美麗了呢！」

回想起這番經驗，我才對和服老師所說的話恍然大悟——和服正因為有人穿，才變得更美麗。這麼說來，二手和服少了被穿上的機會，最終還被送去販賣，的確稱得上是身世可憐啊。

我本來以為，日本人因為惜物，因此不將和服丟棄而幫它尋找新主人，是很了不起的精神。沒想到在和服老師看來，正是相反，因為從前的人才真正稱得上是惜物呢。老師仔細和我解說從前的人是怎麼使用和服的，我聽了之後才瞭解，原來和服的「再利用」，遠比現代提倡的環保、比我所想像的，還要更徹底。

從前的人會到店裡買布自己縫製成和服，稍微富裕的人家則是請人縫製。女性都熟習裁縫技巧（日文稱作「和裁」，指縫製和服的技術），這也難怪老師認為真正擁有一套自己的和服，是應該量身訂做的。

由於和服是以直線剪裁縫製，因此便於修改，大人的和服穿到舊了，母親會修改成小一號或孩子用的和服。此時剪裁下來多餘的布料，則可以做成錦囊、桌巾或尿布。桌巾及尿布等用舊了，再將舊布拿來做成抹布，據說連用到破掉的抹布都會被拿來燒成灰，作為肥料呢！

在修改過程中多出來的碎布，日文稱作「端切」（はぎれ，hagire）。這些碎布可以賣給專門收集碎布的店家，許多女性會到碎布店挑選喜愛的花色，做成日常生活中的各式用品。現代仍有許多販賣碎布的店，京都許多手工市集上也看得到用各種花色碎布做成的手工藝品，如錦囊、布面鈕扣、書套等，就是來自於這種一點也不浪費的「再利用」精神。

每一條縫線、每塊布，都包含著母親、祖母、曾祖母等代代傳下來的心意，也因此，現代人漸漸遠離和服，甚至將和服毫不留情地送到二手和服店去，在上一輩的人看來，實在於心不忍。

◎ **右圖**｜在京都路上時常可見到販賣舊布料的店家或攤位，這些布料許多都來自穿過的舊和服。
左圖｜以舊布料製成的手工掛飾。

有次我和一位曾造訪台灣的日本作家談天，她告訴我台灣之旅的感想：「台灣真是資源豐富的寶島，氣候溫暖，物產豐饒。相對來說，日本資源有限，冬日又極為嚴寒。不過也因此，日本人才會如此珍惜物品，並在意細節吧。」

雖然這只是她的個人感想，但事後我細細思索，頗有道理。資源過盛的同時，也會讓人忘記了珍惜。

原來和服課，是一生一世的學習。除了學不盡的著裝技巧、織染物相關知識和服飾歷史之外，學習和服的真正用意，不在於著裝，而是學習衣裝下的那顆「心」。

能

半夢半醒之間 陶醉於夢幻能

Noh

我的個性中大概有某種程度的冒險成分，愈是覺得不懂的事物，愈想挑戰看看，就算無法百分之百習得，也想瞭解個所以然。不過這種冒險心當然也有限度，我會衡量自己能掌握的能力範圍，才敢嘗試。

我嘗試學習「能」，便是緣起於對這種傳統藝術完全無法理解的好奇；同時，學習必須頭腦及全身並用的「能」，也是運動神經極差、連游泳都學不會的我所能自我挑戰的最大極限了吧。

能（國際上以英文稱之「Noh」），是日本舞台藝術的一種，集合了各種元素。而「能」（歌舞劇）、「狂言」（滑稽劇）再加上「式三番」這種在儀式時所跳的祝福舞，三者又合稱為「能樂」，已被登錄為世界無形文化遺產。

第一次觀賞能時，我被舞台上大量的演者人數嚇了一跳，搞不清楚該將眼神放在哪裡，後來才總算慢慢弄清楚各個角色的職務所在。

能劇舞台上職務分配大致是這樣的：由觀眾席望向舞台上的右方，正座（跪座）著幾個人用低沉的聲音吟著詞（稱作「謠」），詞章內容講述了整齣故事。坐在右前方角落的，是故事的配角。主角則在舞台中央，大多臉戴面具，身著厚重華麗的衣服，手持扇子，動作沉穩緩慢，偶爾吟個幾句台詞，時而動作，時而舞著。主角後方有幾名樂師，稱「能樂囃子」，太鼓、大鼓、小鼓三人，時而打節奏，時而吆喝；笛子則吹著聲調帶些神祕詭異的旋律。後方還有些坐著不動、稱作「後見」的輔佐角色，偶爾上前幫忙搬道具、整備衣裝等。

這樣的舞台表現，有音樂、有戲劇、有台詞、有動作及舞蹈，伴著精緻工藝的衣裝，以及富文學性的「謠」，可說是一項綜合藝術劇。

相對於「狂言」講的是人情世態的滑稽，「能」的內容可說就是「鬼故事」。能的劇目大致可分為講述現實世界的「現在能」，以及神、鬼、亡靈等超現實世界的「夢幻能」，後者尤其為多。這些稱作「夢幻能」的劇目，大多講述某個旅人（配角）來到某處，遇見了當地人（主角），當地人對旅人講述起當地的傳說故事——從前曾有某事件發生，某人在此死去，諸如此類。到了下半場，主角換裝現身並表示：「喝！其實我就是故事中的那位怨靈。」告白之後，主角伴著舞蹈敘述著過去的回憶，最後就此消失。原來，這全都是旅人的一場夢。

不瞞各位，從前的我，就在旅人作了這場夢醒來的同時，我也在劇場中從昏睡隨之清醒了……

✣

我後來有機會參加了一項特別課程，進一步接觸能，親身學習如何跳能。

課程中有一次帶學員到能樂堂參訪，能樂堂的女主人說，她雖然不跳能，但她學吟「謠」。謠指的是能當中的言語部分，因為吟起來極富韻律及共鳴，詞章又富文學性，有些章節便被獨立出來吟唱，昔時起，許多人便將學吟「謠」當成一種興趣。

我也學吟了幾首簡單的謠。從前學唱西洋聲樂，老師教的是鼻腔及頭腔共鳴，聲音要呈拋物線往上投射出去。但日本的謠（或者說是日本傳統藝能中所有的歌唱）並不使用假聲，在我的感覺中，這股聲音不僅往下鑽入地底紮根，又能往遠方拋去。每次在課堂上和老師學吟謠，與老師齊吟時，總覺得整個人都被老師低沉且宏亮的共鳴聲響包圍，震撼得久久不能自己。

女主人坦率地說，每次在自家能樂堂看表演時，總是會打

◎ **左圖** | 能的演出服裝（稱「能裝束」），精緻華麗。

瞌睡，然後被台上表演的男主人指責。聽到這兒，學生們都笑了。不過女主人接著說：「我之所以想睡，是因為覺得『謠』的共鳴太舒服，聽著聽著就陶醉了。」

聽完這番話，我鬆了一口氣，原來不用那麼嚴肅地看待「能」！「能」之所以讓人覺得難親近，大概是其中太多抽象的譬喻吧，而且「謠」的詞章都是古語，語音又拉得非常長，就算是日本人，也很難只用聽的來理解其意。

老師教導我們，面對這項綜合藝術劇有兩種觀賞方式，一是「只顧看」，拋開先入為主觀念，什麼都不想，看便是了；二是「當作劇來看」，事先預習，瞭解故事背景，這麼一來，雖然劇情表現是抽象的，也可以抓住演員拋出來的線索，配合想像力，構築出完整的故事。

可以把能當作音樂劇，享受各樂器及吟謠所撞擊出的獨特共鳴；可以當作扮裝劇，欣賞華麗絢爛的「西陣織」工藝；可以當作歌舞劇，欣賞這些經過歲月洗鍊、不帶任何累贅的動作；可以當詩劇，欣賞「七五調」※註一的韻文，這是對日本人來說最美麗的音響。

雖然對於能，我還有許多不理解之處，但是在老師們的引導下，似懂非懂的我，對進劇場觀賞能已經不再感到恐懼了。若是問現在的我觀劇時還會和旅人一同進入夢境、一同甦醒嗎？我會如此回答：「當然還是會，但那是因為我被『謠』的共鳴聲所包圍，隨著旅人一同飄渺到夢幻能的世界，與主角相遇了吧。」●

註一　七五調為日文韻文當中所用，例如詩、歌謠等。七音句子後面接著五音句子，不斷重複。

（能）

京都藝術中心與山鉾町

Yamabokocyou

我進一步親身接觸「能」，是在位於室町通的「京都藝術中心」所舉辦的「Traditional Theater Training」，也就是「傳統戲劇訓練」，簡稱「T.T.T.」。

位於京都市中心區的京都藝術中心，前身為一八六九年開校的明倫小學校，一九九三年閉校後，二〇〇〇年改為藝術中心。由於室町通附近一帶從前聚集了許多和服商家，現今雖然和服產業衰退，也仍有許多老舖存續。這麼想來，明倫小學校必定培育出許多富裕和服商家的子女吧。

我從前啟蒙的三味線老師就住在這附近，是道地的京都人。據老師說，她小時候讀的就是明倫小學校，班上同學當中，女生幾乎都學箏、學三味線，男生則學能、學狂言。若有宴會之類的場合，現場的娛興節目就是這些街坊鄰居表演的狂言（內容皆為喜劇），婚宴時則是演唱「能」裡面的「高砂」※註一。嗯，不愧是和服老舖家的兒女啊。

雖然京都藝術中心離我的住處很遠，但一有機會，我總喜歡來這兒走走。這兒的館長是茶道裏千家的家元※註二，加上位於京都，可能許多人以為這兒必定古色古香，所有人都身著和服、吟著和歌、品著抹茶及和菓子吧。其實並非如此，這便是我非常喜愛京都藝術中心的其中一個原因——在這裡，所有藝術融為一體，沒有隔閡、不分時空。

這裡會舉辦各類活動，表演、工作坊、展覽會、體驗活動等，也提供場地給團體排練演出。有圖書室，還有一間放滿傳單的資訊室，來這兒一趟，大抵就能把關西地區的重要藝術情報收集齊全了。當然，這兒更保存著國小校園的模樣，提供來客隨意進出、閱讀或用餐的談話室，就是將國小教室原封不動地留存了下來。我總喜歡在每次「能」的學習前，拎著便當，坐在談話室的國小課桌椅前吃飯。對我來說，這像是種「儀式」，先將自己抽離現實生活，再進入晚上的練習時間。

京都藝術中心舉辦的活動可說是千變萬化、天馬行空，有傳統藝能的課程，有現代表演的訓練，更有許多傳統與現代的融合。例如每個月定期舉辦的茶會就是以傳統茶道的抹茶及煎茶為主題，並請來各領域的現代藝術家示範或講述自己的作品。在這裡，傳統及現代沒有隔閡，傳統仍持續往下紮根，現代則構築在傳統的根基上不斷往上發展。新與舊，一切並存得那麼自然。我想，這便是京都的本質了。

京都藝術中心的附近居民，便是所謂「山鉾町」——負責保管祇園祭中「山鉾」（神轎及神車）——的街町民眾。在這附近有一區「菊水鉾町」，負責其中一座「菊水鉾」，和「能」大有關係。「菊水鉾」的名稱是由於這附近有口流傳下來的井，名為「菊水井」，而「菊水」此名，背後有著一段故事。

傳說魏文帝當年派使者尋找靈藥，使者入山遇到一位少年，詢問之下，少年竟是七百年前周代的人，被逐出城來到此。少年從前得到了周穆王所賜的枕頭，枕頭上寫著兩句經文，他便將經文抄在菊葉上，飲用菊葉滴下來的露水，竟然因此長生不老。最後，少年就將這個長生不老藥水獻給了使者。這便是能當中「菊慈童」的故事。

從前上演金剛流能樂的「金剛能樂堂」，便座落在這口井之處。經過一百三十年的歲月後，二〇〇三年，金剛能樂堂才搬遷到現今的所在地，也就是京都御苑※註三 附近。

話題再轉回山鉾町。我的三味線老師住在「月鉾町」，意指出身於「月鉾町」這區的居民，必須負責保存「月鉾」，因此老師本身就是月鉾保存會的委員之一。我曾問過老師，幾百年來，街道樣貌改變，也有人遷進遷出，負責保存山鉾的工作該由誰繼承、平常又該怎麼保存山鉾？

老師告訴我，這裡出身的居民們，生來就有保存山鉾的使命感。甚至有些家庭已經移居國外了，還會特別在祇園祭時期回來幫忙。委員會的工作，不只在祇園祭時節忙碌，而是要忙上一整年，平時就要整修山鉾裡擺飾的美術工藝品，並規劃祇園祭時的工作分配。負責「祇園囃子」的演奏者，也都是地方上的居民，大家都會利用下班後或閒暇日子，集合起來練習樂器。

當時聽聞老師的說明，我震撼許久。我終究只是個看熱鬧的旅人，看完則去。而山鉾町的人們究竟對出身的土地、故鄉抱著多麼強烈的情感，才能促成這樣盛大的祭典哪！

祇園祭的山鉾，有些因為戰亂而燒燬，至今尚未被復原，其中一座「大船鉾」甚至在一八六四年的禁門之亂中失去車輪及木頭架構，所幸其中祭祀的神明及美術工藝品還保存了下來。因此這區的居民們下定決心，要在事隔一百五十年後的二〇一四年，將這座「大船鉾」再度復原，讓大船鉾能夠回歸祭典的行列。

山鉾町區域嚴格說起來不算大，卻能長久以來維持祇園祭的運作，令人難以想像。這裡的傳統商家不只從商，更是京都文化的創造者，並且以商家的富裕背景來支撐這些文化發

展。再加上町眾們對土地的認同感，也難怪能夠將規模龐大的「祇園祭」流傳至今。●

註一 「高砂」為「能」其中一齣作品，由於內容講述夫婦之情，並帶有祝賀長壽之意，因此時常被拿來在值得慶賀的場合，特別是在婚宴上吟唱。

註二 家元（いえもと，iemoto），指日本傳統藝道各個流派當中的當主，似「掌門人」的地位。

註三 環繞著京都御所的公園。「京都御所」為一八六八年之前皇室的居所。

壹

京都藝術中心 Kyoto Art Center

きょうとげいじゅつセンター，Kyoto geijutsu senta

住 京都市中京区室町通蛸薬師下ル山伏山町546-2

W www.kac.or.jp

前身為明倫小學校，館內教室改裝成的「談話室」，保留了國小課桌椅及講台。不定期舉辦免費入場的小型展覽會，可自由使用一樓資訊室、圖書室及二樓談話室，一樓附設有咖啡廳。

能

百年軌跡
凝聚大江能樂堂

Ooenougakudou

我之所以會參加京都藝術中心「T.T.T.」的傳統戲劇訓練課程，起初是日本朋友介紹給我的：「既然妳對藝術有興趣，想不想來試試日本傳統戲劇的訓練呢？」

仔細看了介紹，訓練課程在七、八月之間，約進行三個星期，從一九八四年起便招生至今。訓練前兩天是扎實的基礎課程，接下來的三星期，每天有兩、三個小時的學習，也就是上課兼練習，最後一天則會在京都市公所附近的大江能樂堂舉行發表會。總共有三種訓練課程：能、狂言、日本舞踊，可依照志願選擇自己最想參加的課程，另外還可加選「能」當中的伴奏樂器小鼓。

我毫不猶豫地選了「能」當第一志願，不過不知怎地，卻被分配到日本舞踊……因為以前也參加過一些音樂營、戲劇營，第一次參加「T.T.T.」時，我並沒有把每天練習這件事特別掛在心上，結果才參加了開幕說明會，就被投下了很大的一顆震撼彈。

首先，這個活動是開放給外國人及日本人參加的，就連上課也是日英雙聲道，一定有口譯在現場協助。我原本抱著輕鬆的半吊子心態，以為只有像我這樣住在京都的外國人才會來報名。沒想到參加的第一年，住在京都的外國人根本只有我一個而已，其他來自世界各地的外國學員，大家都是特地為了這個課程遠道從國外而來，在京都待上一個月。這些外國人幾乎都從事與表演藝術相關的工作：導演、演員、舞蹈家、戲劇研究家等，難怪如此有心。原來，這項訓練課程早已在歐美國家聲名遠播，老師介紹學生、學長姊介紹學弟妹，還有人特地從國外來參加了好幾回。

接著，看了前幾屆發表會的錄影，我才知道在最後的發表會，每個人都得全副衣裝獨自上場跳或演上一段，正式程度完全超出我的預想。這個訓練課程雖然只有每天晚上的兩、三個小時，但白天場地空著，就是為了讓大家可以盡情練習自修。當時日本舞踊據說是最嚴格的一組，看了前輩們的舞姿，我心中不由得害怕了起來，參加的學員全都是各項表演藝術當中的佼佼者，相較之下，我不僅沒有經驗，手腳還非常不協調，三個星期後，怎麼可能順利登台呢？

我戰戰兢兢地開始了日本舞踊的訓練，但因為運動神經欠佳，眼前看到的、腦中想的跟實際做的，三者完全搭配不起來，訓練的前幾天，可說是咬著牙、流著淚水度過的。在一陣掙扎及調適中，總算熬過了三個星期的激烈課程，順利上台發表。

沒想到其後，我竟然對這種嚴苛的訓練課程入迷，第二次總算有機會參加「能」的課程。至今，只要我待在京都，並且能挪出時間，必定會報名「T.T.T.」。總覺得我的京都夏日，若沒能在「T.T.T.」好好揮灑汗水，就像是少了祇園祭的京都夏天一般，索然無味。到二〇一二年為止，我共參加了一回日本舞踊、三回能，以及四回小鼓的訓練。

❖

「T.T.T.」的學員雖然幾乎都是初學者，但最終發表會出乎意料地正式，是在能舞台舉行。

大江能樂堂位於市中心京都市公所附近的小巷弄「押小路通」上，這裡是一般的住宅區，不仔細瞧，還會錯過了入口。我心生疑惑地踏進去，通過狹窄陰暗的走廊，像是走進了時光隧道一般。哇！映入眼簾的是整片黑得發亮的木頭色，從舞台背景到舞台、直至走道及觀眾席，讓人油然升起了肅穆之心。

大江能樂堂是一九〇八年創建的，後來經過改建，二戰時還曾經歷危機一髮，差點無法保存下來：從前這個舞台還連接著兩層樓的住宅及後台，二次大戰時，為了防止空襲造成

◎ **右圖**｜在大江能樂堂舞台上跳「仕舞」。「仕舞」為一種演出形式，意指只跳「能」的其中一段舞，不戴面具，也不著正式裝束。

火災，政府下令戰時徵用民地，硬是將住宅及後台拆除了。原本預計接下來要拆除舞台及觀眾席，竟然在拆除當天，日本宣告戰敗，戰爭結束，大江能樂堂才得以保存了下來，成為現今京都最古的能樂堂。

我到過許多現代新建的能樂堂，座位舒適、照明充足、設備嶄新，卻沒有大江能樂堂那番古味。我們總是在不算寬廣的後台、在木造房間中，與戶外的世界隔離，等待著出場。舞台沒有過多的照明，白天時就只倚賴透過窗戶落下的自然光線。舞台的地板有些凹凸不平，還有許多磨損的痕跡，不過這些先人留下的痕跡，反而成了演出時用來辨位的最佳記號。如此保存、傳承下來的空間，到了現代，不只用來演出能樂，有人說這裡的音響效果甚至比演奏廳更好，也有國外團體到此演出，或是有團體來表演時尚秀。

這裡真是令人不可思議的空間！我站在百年歷史的能舞台上，舞著數百年前先人傳下來的藝術結晶。縱使舞技不佳，每每只要登上這座舞台，我便有一股奇怪的錯覺，似乎自己纖弱的身軀，正在與百年歲月的能舞台，不斷共鳴。●

壱

大江能樂堂

おおえのうがくどう，Ooenougakudou

住 京都府京都市中京區押小路通柳馬場東入橋町646

W www.asahi-net.or.jp/~tn4m-ooe

藏身於巷弄之中的「大江能樂堂」，入口與一般民宅無異，裡面卻別有洞天。觀眾席氣氛古樸又肅穆，不採用現代劇場的座椅，而是讓觀眾在榻榻米上席地而坐。

能

京都能樂巡禮

Noubutai

我連續幾年參加了京都藝術中心主辦的「T.T.T.」（傳統戲劇訓練），除了每日在京都藝術中心的集中訓練之外，由於參加的外國學員難得造訪京都，主辦單位也會安排一些有趣的課外參訪。每次和國外來的旅人們（話雖這麼說，明明我也是外國學員）一同走訪京都時，平常看慣了的景色，總是會有新發現。也因為透過這樣的課外參訪，我這才知道，與金閣、銀閣並稱「京都三名閣」的，原來是西本願寺當中的國寶——「飛雲閣」。

位於京都車站附近的東本願寺及西本願寺，皆屬淨土真宗，正好並排於京都的東西兩邊，京都人便親密地依地理位置稱之為「東桑」及「西桑」。其中「東桑」正好落在京都車站正前方，與車站中間隔了京都塔對望。一九六四年建成的京都塔，據稱當初的設計概念是「在沒有海的京都，立起一座燈塔」，但人們卻喜愛私下討論說塔形像是和式蠟燭，應是獻給「東桑」的蠟燭吧。

一九六四年完工的京都塔，與一九九七年完工的京都車站，對於建設當時的京都來說，儼然是兩座龐然大物，建設初期當然受到當地居民的反對，認為會破壞古都景觀。不過時間一久，人們似乎也忘了當初的抗議心情，頻繁地利用這些設施了。

話題回到「西桑」——西本願寺。也許因為飛雲閣座落在西本願寺的一角落，加上沒有金閣、銀閣這樣響噹噹、閃亮亮的名號，雖然同屬「京都三名閣」，飛雲閣的名氣卻不怎麼大。與其他兩座閣樓相同，飛雲閣聳立在「滴翠園」中的池面，不同於其他兩座的是，飛雲閣是一座左右不對稱的建築。滴翠園面積並不寬廣，路窄又曲，我小心翼翼地沿著路，每走一步，仰望閣樓，隨著不同角度，看到的建築形狀景致竟然各異。

除了飛雲閣之外，我們也參觀了西本願寺中的北能舞台及南能舞台。這兩個能舞台來頭都不小，北能舞台是目前日本所能判定的最古老能舞台，也是唯一被制定為日本國寶的能舞台；南能舞台則是日本現存最大的能舞台，被制定為重要文化財。這兩座能舞台都設在戶外，而且南能舞台還有著非常大的觀賞區域及後台。

直到日後，我才知道西本願寺裡的這幾所國寶、重要文化財，平常是不對外開放的，需要特別申請並經核准。只能拜淨土真宗的宗祖親鸞上人之賜，才能一睹飛雲閣及南能舞台的風采——每年五月二十、二十一日的「宗祖降誕會」，也就

ASAHI SUPER DRY
アサヒスーパードライ
KYOTO TOWER HOTEL

是親鸞上人的誕辰，西本願寺會舉行法事，於飛雲閣裡的茶室舉辦茶席，並於南能舞台演出獻給親鸞上人的祝賀能。

✣

能舞台的設計也很值得鑑賞、玩味。從前能舞台大多設在戶外，像是在城殿、大名居住地，或是寺院神社當中，配合城殿或寺社行事舉行演出。一八八一年，才建造了首座在室內的能舞台，將舞台及觀眾席都納入同一座建築物當中，稱「能樂堂」。

能舞台雖然搬進了室內，卻也保留著許多原本在室外的模樣，例如，能舞台四周地上會鋪上一整片白色小石，稱作「白洲」（しらす，shirasu）。從前能舞台建在室外，離觀賞席有一段距離，中間的空地就會鋪著這樣的小石子，這是由於室外光線不足，因此人們利用白石頭的反光，以便看清演員的臉。搬到室內後，雖然有了現代的照明，但為了保存能舞台原本的樣貌，就連「白洲」也原原本本地被搬進了室內。

此外，各位在觀劇時，可能會覺得前方的兩根柱子很礙事，總是會擋住視線。後來就算能舞台搬到了室內，不需要利用木柱來支撐，這些柱子仍然被留了下來。這是因為當演

◎ **右圖**｜京都塔有如一座燈塔，豎立在不靠海的京都車站前方。（攝影・張博鈞）

◎ 大江能樂堂的能舞台。能舞台搬到室內之後，仍然保持著原來的樣式。

員們戴上面具時，視線會變得非常狹隘，幾乎看不到路，而這些木柱就成了演員透過面具縫隙辨認方向的工具，否則可能一個轉身就不小心掉落到台下去了。

能舞台的木板底下為了共鳴，也設有各種機關。「能」中常有腳踏拍子的動作，時輕時重，重踏時若能將木板踏得隆隆作響，更具魄力。為了讓木板引起共鳴，當然不使用麥克風，而是遵循古法，例如京都最古的能樂堂大江能樂堂的舞台底下就埋了五個甕。

京都有幾座較新又舒適的能樂堂，像是屬於能樂觀世流的京都觀世會館，於一九五八年開設，或是金剛流所屬的金剛能樂堂，二〇〇三年才遷到現址，也有些像大江能樂堂這般保存著帶古風的能樂堂。但天氣舒適時，若能在戶外觀能，那又是截然不同的體驗了。

某個六月天，我到平安神宮觀賞了特殊的「京都薪能」。薪能，指的是在能樂堂或戶外臨時搭建的舞台上演出，舞台四周焚著柴火。京都薪能是由京都市與京都能樂會於一九五〇年起，在每年的六月初所舉行，據說是將從前奈良興福寺每年舉辦大型法會「修二會」時點著熊熊火燄所演出的戲劇，省略其中宗教儀式部分，成了現今的薪能。

◎舞台旁的小石子「白洲」，從前是為了在室外反光而設。

在平安神宮舉行的京都薪能，火光中映著的背景，是平安神宮的朱紅色。演出長達三、四個小時，但那個晚上，我對於時間的觀感是很怪異的，拉長的人聲共鳴、沉穩緩慢的身段、搖曳的火光，似乎將我對時間、空間的感知打散並再度重組了。當天究竟演出了什麼？我無法言喻，只記得被舞台上一股莫名的力量拉了進去，當下的時間似乎是靜止的。回想起來，是一段舒適而魔幻的觀劇經驗。

能樂的起源，原本就有一部分來自於祀奉給神明的舞，即使在科技發達的現代，人也未必能夠勝天。回歸本心，舞一曲獻給神明、獻給先祖，人類便是藉由這種方法，來獲得心靈上的平靜吧。●

小鼓

陪伴京都女孩兒們長大的小鼓

Kotsudumi

「能」的伴奏樂器，其中有一項是「小鼓」。這和西洋掛在雙肩上、用兩根細細鼓棒，邊遊行邊敲打的小鼓不同，日本的小鼓，演奏時是用左手持鼓、放在右肩上，然後用右手拍擊鼓面。小鼓的鼓面有兩片，是皮製的，緊緊撐在鐵圈上，中間夾著木頭做的鼓身，形狀看起來有點類似扯鈴。演奏者配合著音樂或節奏拍擊鼓面，還一面發出「呦！」、「呀！」的吆喝聲。小鼓自古起便被用在各種舞踊、戲劇、祭典當中，據說日本天理教還特地拿來在傳教活動當中使用。久而久之，成了人們生活中不可或缺的樂器之一，從前人們學習小鼓，就像現在許多人學習鋼琴、小提琴一般平常。

能樂師多為男性，女性極為少數，但不知為何，我心中一直有幅畫面，對日本傳統女性的印象，是身著和服、手持小鼓的姿態。於是，當我在京都藝術中心參加「T.T.T.」時，遇見了日本少數的女性能樂小鼓師，勾起了潛藏在我心中已久的那幅畫面，便決定開始跟隨這位老師，持續一對一的小鼓個別課程。

打擊樂器真是日常生活中最方便的音樂訓練了，其實我們隨手敲擊任何物品，都會發出或高或低的音色，運用幾種音色便能擊出有變化、有節奏感的拍子，唱歌跳舞，或是帶動氣氛，都很適宜。閒暇之餘，拿起小鼓打個節奏，隨著充滿共鳴的聲響，吟首能樂中的「謠」來附和，實在開心。

某日，我到京都近代國立美術館欣賞上村松園（Uemura Syouen，西元一八七五～一九四九年）這位女畫家的展覽會，才發現原來長久以來存在我心中、傳統女性手持小鼓的印象，就是來自上村松園的「鼓之音」這幅作品。畫中是一名身著和服、頭插華美髮簪的女性正在練習著小鼓，想必是以昔時京都富裕人家的小姐為範本吧。

✣

學習小鼓之後，我開始在京都生沽中發現許多小鼓的蹤影。原來小鼓這項樂器，比我想像得還要更貼近人們的心。日本女孩必定接觸過小鼓，那便是女兒節的玩偶——雛人形。代代相傳、並且當作女孩嫁妝、陪伴女孩一生的雛人形，上面五層是人偶，下面兩層是給人偶使用的衣櫃、餐具等，也就是人偶的「嫁妝」。仔細一瞧，坐在五層人偶中間第三層、最中央的一個，不就是手持小鼓的人偶嗎？

第三層的人偶叫作「五人囃子」，也就是由五位美少年組成的樂團。由左邊起，分別是太鼓、人鼓、小鼓、笛以及吟唱謠曲的美少年。呵，原來現代的美少年偶像團體，早在雛人形當中就已經有了呀！這五人樂團不為別的，正是「能」的伴奏※註一。從前幕府時代由武家掌握政權，武士們非常喜愛能樂，無論是慶典、儀式，或是宴客、娛樂，幾乎少不了能樂，因此到了江戶時期，這五人樂團也就理所當然地出現在雛人形當中了。

小鼓不僅出現在雛人形而已，我甚至在現實生活中，發現如上村松園作品「鼓之音」中身著和服、頭插華美髮簪、手持小鼓的美人。

那是在櫻樹及柳樹冒出新芽、萬物由春日粉嫩漸轉為茂綠的五月。縱貫京都市區的鴨川，漸漸熱鬧了起來，天氣轉為暖和，人們開始在岸邊散步、野餐。鴨川旁的料理店，也在靠岸側搭建了高架，開始販賣「川床料理」，供客人們在戶外的高架上迎著涼風用餐。鴨川旁的「先斗町歌舞練場」每年自五月一日起，連續二十幾天，每天上演著舞藝妓們華麗至極、熱熱鬧鬧、又唱又跳的「鴨川舞踊」（「鴨川をどり」，kamogawaodori）。

這是先斗町的舞藝妓們，一年一度的舞藝發表會。舞藝妓們的發表會，由舞台布置到身上的和服，皆豪華絢爛且光彩奪目。舞藝純熟的藝妓，表現出的是高雅風采，舞齡尚嫩的舞妓，則是還脫不了稚氣的可愛。現場的伴奏，有三味線、笛、小鼓、大鼓等，當然也是由舞藝妓擔任。

我的目光不禁集中在一位華美和服姿態的稚嫩舞妓身上，只見她端坐著，左手輕輕舉起小鼓，放在右肩上，右手不斷地放下又舉起，擊著鼓面，口中發出的嘹亮鼓聲，響遍整個歌舞練場。她表面上看來姿態優雅，好似輕鬆貌，但我知道，長時間兩手平舉並擊鼓是需要多大的臂力，以及耗費多久的鍛鍊，才能夠達成。

小鼓真是適合女孩兒的樂器啊！小鼓的外型輕巧可愛，容易親近，聲音清脆高亢，卻帶著悠遠的共鳴，每個音響都深刻地敲入人心。這不正如同代表京都的舞妓嗎？外表優雅可人，卻經過多少嚴苛的訓練，才能夠在人前永遠展現優美姿態，每個舉手投足都打動著台下觀眾。舞妓們的內心，是無人能比的堅忍挺拔。●

註一　第三層除了擺放能的「五人囃子」，有時也會擺放演奏雅樂的「樂人」，有五人或七人的組合。

右圖｜小鼓的外形。前後是兩面皮，裡面夾著木頭鼓身，並用繩子綁著，可調整繩子鬆緊來改變音色。**左圖**｜雛人形（女兒節人偶）。正中央的人偶正奏著小鼓。

小鼓

大和民族心底的聲音

Hougaku

某次，我到京都近代國立美術館觀賞畫家上村松園的展覽，人潮多得令人驚訝。我原本對這位畫家完全不瞭解，好奇之下買了書來參考，才得知京都人喜愛上村松園的祕密。

畫家上村松園是道地的京都人，出身於富裕商家的她從小濡染在京都傳統文化之中，她畫的是自己從小至大京都生活中的剪影，長一輩的人們甚至能在她的畫中尋找兒時記憶。即便成名後名聲享譽全國，她仍然持續創作著京都的一事一物，也難怪上村松園的作品現今仍然受京都居民們喜愛。

上村松園出生在四条通和御幸町通交叉口附近，家中販賣茶葉。對照地圖，正是現今京都最現代化的一帶，想必幾乎所有旅人都踏過往東邊一條平行的「寺町商店街」，以及稍微往北一些的「錦市場」。從小和母親一同顧店的她，無事便坐在店內，拿著母親給她的紙和筆墨畫畫。店內客人雖然都是街坊鄰居，但附近住的許多都是學者、醫師、文人、畫家、能樂師等，文化程度之高，可想而知。

上村松園生前曾在散文中提到：「我是在四条通附近，現今已改做洋食屋『萬養軒』的家中出生的。」這間一九〇四年創業的「萬養軒」，後來本店遷到更東邊的祇園一帶，已是京都有百年歷史的法國料理店，皇室甚至在此招待過許多國

◎ 上村松園舊家為法式料理「萬養軒」，十年前遷到祇園一區，二〇一二年九月三十日起暫停營業，再度搬遷。

外來的貴賓。

上村松園最受人喜愛的，是色彩鮮豔、筆法細膩的「美人畫」，其中最吸引我目光的美人便正在學習傳統戲劇——手持扇子跳著仕舞的美人，以及敲打著小鼓的美人；而上村松園最特異、最受矚目的「花筐」及「餤」兩幅作品，內容更是取自於「能」的故事。從前這些傳統藝能的學習——跳仕舞、吟謠、打小鼓，對商家子女來說，原本就屬於生活的一部分吧，正如上村松園曾在文章中寫道：「只要唱著謠曲，我便感到自己的身心，像是被涼風洗滌一般純淨。」※註一

✣

京都人這種學習技藝的態度，和我從小的認知似乎有點不同。

莫札特的《土耳其進行曲》、貝多芬的《田園交響曲》、巴哈的《清唱劇》，雖然是耳熟能詳的旋律，但描述的情感並非我生長的故鄉，即便我所受的音樂班教育讓我能夠將這些樂曲的背景娓娓道來，並學會帶著感情演奏，但這些音樂真正滲入我體內的，卻不知有幾分。父母用心栽培讓我學習樂器，多少是受到「學音樂的小孩不會變壞」這句廣告詞的影

響，並且希望讓我擁有一技之長、登上舞台發光發熱吧。

我上小鼓的地方，學生多為年紀較長的一輩，其中有些長輩即使身體衰弱、連路都走不穩了，卻堅持一定要來上小鼓課。對他們來說，之所以學習小鼓，並非是為了多一項技藝或是想上台表演，而是小鼓的音色及伴著小鼓聲吟唱的謠曲，是他們從小聽到大的、屬於自己民族、自己故鄉的音樂。春天時，人們吟唱描繪京都鞍馬山美麗櫻花綻開的「鞍馬天狗」，是悲劇英雄源義經與天狗的故事；秋日時吟唱「紅葉狩」，除了紅葉景色，裡頭還描寫平安時代中期武將平維茂驅鬼的故事；婚宴時，人們在席間吟唱內容講述夫婦之情及祝賀長壽的「高砂」。用自己民族的樂器，透過描述故鄉土地的故事來表達心中情感，我想這便是音樂這項藝術最原始、最純粹的表現意境吧。

某次我詢問能樂老師關於學習傳統藝能的意義，老師如此強調。「我認為日本所謂的『稽古』這個詞，並不只在於練習，而是透過與老師的一來一往，不僅學會技藝的技巧本身，還學習了技藝背後的歷史以及精神。」

我想，這便是京都人接觸傳統文化及藝能的本意了：唱著故鄉的歌，奏著民族的樂器，經過不斷的學習，將這些技藝化成為生活、生命的一部分。我嚮往這樣的價值觀，但並非想透過這樣的學習成為大和民族的一份子。我藉著對於他國文化的瞭解與學習，真正想做的，是希望有一天，能夠回過頭來審視自己，並且追尋屬於我自己、屬於我故鄉土地的學習。

註一 出自上村松園著書《青眉抄》（一九七六年講談社發行版本）當中〈謠曲及畫題〉（謡曲と画題）一文。

◎ 在大江能樂堂表演小鼓的模樣。

茶道

茶道學習是日常茶飯事

Chadou

直到現在，我還是非常慶幸自己接觸了茶道，而且是在京都。

不過，就算是學習了幾年的現在，我還是不懂該如何向人解釋何謂「茶道」。樂器、戲劇等，就算無法詳細說明，也能用三言兩語大略道盡重點，但茶道卻怎麼也說不清楚，即便是將上課內容與人重述一次，對方也會聽得不明不白，甚至連述說的我都不禁懷疑起自己到底學到什麼了。

若問我為什麼要繼續學？嗯……我也很難說得出所以然。為了每週喝茶吃菓子、還是為了想看精美的藝術作品？好像也都不盡然。

當然，也可以很作態、冠冕堂皇地解釋：「茶道是集生活藝術之大成」，或「茶道是一輩子的學習」。但這種抽象的說明似乎還得在後面附上三千字說明文，才能解釋得清楚。想來，這就是「道」之所以為「道」吧。

我上課的地方，早上的課程從九點半開始，不過九點半指的是全員入座、與老師行招呼的時間。由於還有許多前置作業，因此學員們大略在八點五十就會到教室。老師從來不規定大家要提前多久到場準備，一向都是有心的同學自願早到，並且將這樣的好習慣互相影響。

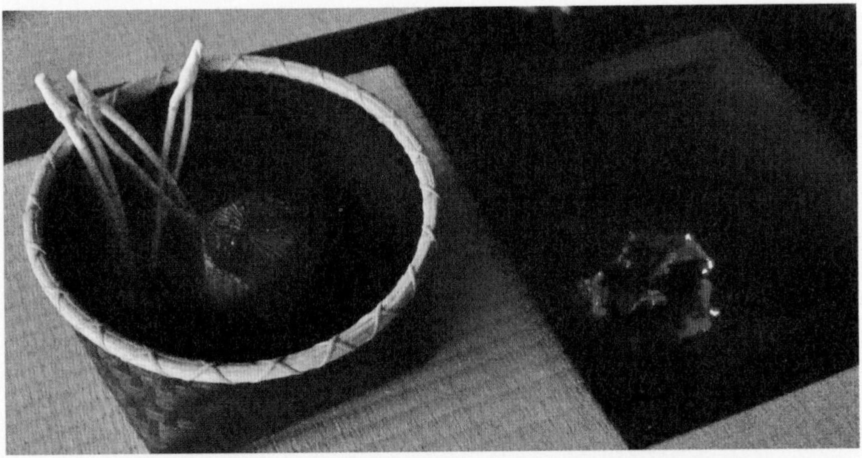

◎「炭點前」的程序只要依照固定手法及位置，將炭擺放好，便能使炭燒得又久又旺。

不過說早，其實還有人更早。我所學習的茶道流派「裏千家」，教室旁邊就是裏千家學園茶道專門學校，學校的學員們比我們這些每周只上一次課的學生們還要更早。每次到場時，學校前輩們早已將課堂上所需要的道具排放在「水屋」※註一的架上了，我們要做的，大抵上就是燒水、燒炭，把抹茶粉放進稱作「棗」及「茶入」的容器中，並且把和菓子排在器皿上，將個人的刷茶用具備齊排好，插上茶室用的花等。

九點半，大家依序拜見茶室中的掛軸及花，接著入座，全員一齊和老師行禮招呼。接著分組，老師會指定每個人該做什麼練習，其中會派一位學員負責練習排放炭（日文稱「炭點前」）——將炭依照固定手法及位置，擺放在爐中使其燃燒。接著，每個人都要輪過一次負責刷茶（日文稱「點前」），也就是當主人的角色，依照固定的程序及手法刷出一碗碗茶；其他人則負責作客，喝茶吃菓子。席上，主客要練習互動問答，客人會詢問這茶碗出自哪位名家、爐中燒的是什麼香、器具產自哪裡的窯等。當然，主人必須有所準備，並且實際理解，才回答得出來。

課程一直進行到約十二點，最後大家集合和老師行禮道謝，接著所有人幫忙清洗道具，並擺放回原來的位置，這就算是結束一堂茶道課了。

✣

每星期輪流當著主人及客人，好像在玩角色扮演遊戲，對吧？而且，每星期重複同樣的事情——準備、刷茶、喝茶、問答、收拾，有些人（如資深的老師們）還重複了一輩子。而且整場課程都得正座，不僅氣氛嚴肅，又搞得腳痛不堪。

不過正因為重複著這種一成不變的程序，反而創造出了趣味。例如，雖然是同一套「點前」的程序，但使用不同的道具，手法或順序又得稍做改變。隨著當日的心境，或平穩或焦慮，也會影響到當天做「點前」的手法，讓同樣的程序出現不同的效果。或者，在同樣的茶室中上課，因應不同季節，茶室裡也會換上不同的裝飾及道具。藉由茶道課，我們欣賞了許多美術品，並且實際活用這些美術工藝，拿來燒水、喝茶、裝茶粉等。大家就在重複這些同中求異的過程中，發現許多上茶道課的趣味。

想想生活原本就是如此吧，無論再如何忙碌，還是得停下來吃飯、喝茶、整理、靜心。生活中必須與人交流，如同茶

◎ **右圖**｜茶室中所插的花，稱作「茶花」，與一般的插花或華道所求的意境不同。**左圖**｜千利休曾教誨：「花朵必須帶有野趣。」也就是要使其表現出自然本質。

會一般，有時是主，有時是客。而無論是誰，隨著地球運轉的每一天，每二十四個小時，都重複著相同的日常事，並且在每日的相同中求取些許不同，藉以豐富生活。不過在生活步調快速的現代，人們常常連這些茶飯事都忽略了，或是隨意帶過，甚至忘記這些日常瑣事才是真切體會感覺到「活著」的瞬間。

原來，茶道課所學的，可以說是很艱難的「道」，也可以說是再簡單、再一般不過的「日常茶飯事」呀。●

註一　「水屋」指準備道具、行清洗整理的地方，也是古時「廚房」的稱呼。

茶道

以茶會友的社交活動

Chakai

在京都的日常生活中，有許多細節仍然保持傳統作法，也因此，我常常無意間在生活中發現茶道的影子，此時便能將茶道課堂上所學習的內容，在生活中獲得實踐。學以致用可說是我在京都學習傳統藝能並且生活，最大的收穫。

京都許多寺院神社在重要日子供奉神明、先祖的方式，不作別的，便是舉行「獻茶式」。在獻茶式中負責將茶呈給神佛及先祖的，大多是各流派的家元。家元嚴謹地刷上一碗茶，有時伴著雅樂演奏，配合著僧侶所行的儀式，恭敬地獻上給神佛。不過這些獻茶式或特別行事，其中大多不對一般大眾公開，而是要有一定經驗或資格或相關人士，才有機會參加。我曾因外國學生的身分，有幸參加過一次祭拜茶道大成者千利休（西元一五二二～一五九一年）的「利休忌」，不僅親眼見到許多特殊儀式，席上還有許多難得的美術品。但氣氛異常肅穆，儀式時間又非常長，如今回想，那些特殊又美麗的藝術作品，沒一件在我腦中留下記憶，只記得好幾個小時的正座，實在難熬……

如果說獻茶式是人們透過茶道，與神佛先祖交流的方式，那麼，人與人之間透過茶道交流的方式，便是茶會了吧。

在特殊的節日，或是春暖花開、秋涼葉紅時，寺社、名庭等供人們遊賞的方式，便是邀請各位造訪，並獻上一服茶※註一了。有些觀光名所只要在入口處買了茶券，就能在場內兌換一服茶及菓子。而略帶苦的抹茶，一定要配甘甜的菓子，才是最佳的賞用方式。先讓甜味在口中散開，再喝下抹茶，兩者在口中的融合，絕妙得恰到好處。有些擁有茶室的觀光名所則會配合著景致，舉行「茶會」，請客人依照一定程序進入茶室，除享抹茶及菓子之外，還可觀賞主人行「點前」刷茶的姿態，鑑賞主人精心準備的各項美術工藝品，享受主人的貼心款待。前面曾提過，在我們的茶道課程上，大家會輪流扮演主人及客人，而「茶會」，便可說是平日茶道課程的實踐吧。

在茶道中，就算是客人，也有得遵循的規矩，像是如何行禮、如何踏進茶室、如何享用菓子及抹茶、如何與主人對答等等。正因為主客都事先熟習這套「遊戲規則」，因此不必多費言語說明，省去了手忙腳亂，茶會便能順利進行，主人用心款待客人，客人細細品味主人所準備的每一個細節。

這麼說來，尚未修習茶道者，豈不失去接受主人款待、享受茶會趣味的機會了？不然，其中也有不那麼嚴謹的茶會，若能把握機會，將這些茶會當作接觸茶道的入門，再好不過了。這類茶會在日文稱作「大寄茶會」(「大寄せ茶会」，ooyosechakai)，任何人都可以參加，不受任何流派或經驗限制。在京都，即使沒有修習茶道的經驗，也有非常多機會能自由參加茶道體驗或這類「大寄茶會」。

例如每年十月底十一月初，於京都二条城舉行的「二条城市民大茶會」。此時期正值秋葉初紅，在二条城裡以造景聞名的清流園當中連續三個星期，分別由裏千家、表千家、藪內家三流派負責舉辦茶會，茶券在二条城便可買得到。又如祇園祭時，茶道流派的家元於八坂神社行完「獻茶祭」之後，祇園幾間知名的茶屋會舉辦對外開放的茶席。據說茶券一票難求，因為負責刷茶奉茶的可是祇園的舞藝妓們呢，多少人可是為了一睹她們風采而來。

更有針對外國旅人所開的茶道體驗。南禪寺附近的京都市國際交流協會，每星期的茶道課程都會開放讓外國客人體驗，也讓學員有練習接待的機會。此外，祇園有一處「彌榮會館」，其中有個稱「Gion Corner」的地方，不僅有茶道，還有舞妓表演的京舞、華道、箏曲、雅樂、狂言、文樂等藝

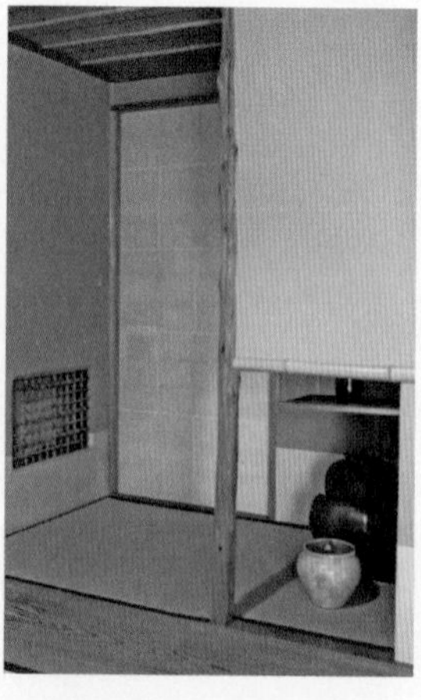

◎ **右圖**｜令人沉澱心靈的茶室空間，往內凹的空間稱「床之間」，用來擺放花及掛軸等藝術品。**左圖**｜茶室當中主人行「點前」(刷茶程序)的位置。

能演出，並提供英文解說，大概是旅人最便於將傳統藝能一網打盡的去處了。

京都是日本茶道的發源、傳承之地，平時有這麼多的推廣活動，似乎也是理所當然。不過除了這些正統茶會，令人驚訝的是，茶道傳承地的京都，並不侷限於傳統作法，還出現許多嶄新的茶會。

幾年前，京都曾出現非常特別的「相親茶會」活動。活動上，讓參加相親的男性做主人，女性做客人，男性可依自己的興趣嗜好，不拘泥於茶道作法，布置一場屬於自己的「茶會」；而作客的女性則可自由選擇有興趣的茶會主題，透過主題來認識擔任主人的男性，以達到交流目的。雖然據說活動後來不怎麼順利，因為報名人數一面倒幾乎全是女性……不過如此看來，所謂茶會，對京都人來說，似乎也是種習以為常的社交活動。

戰國時代，統領天下的武將以茶道來行政治，織田信長賞給家臣們名貴的茶器，據說是比賜與土地還更高的獎賞。到了江戶時代，茶道是領主及豪商們的嗜好，直到明治時代，女性學習者才漸漸增加，茶道成了「新娘修行」的一部分。現代人已不怎麼強調新娘修行了，茶道則成了對日本傳統文化有興趣的人們學習時的首選，正因為茶道集合了日本各種傳統藝術於一身。

雖然茶道有許多幾百年來固定不變的作法，但這項藝道卻以不同的意義延續百年，存在於不同的時空。我想這便是道之所以為道、恆古流長的原因吧。◆

註一 「服」為日文中「一碗抹茶」的數量詞，是由於從前抹茶作為藥用。

◎ 參加茶會時，客人必須隨身攜帶用具。男女用具於用色及尺寸稍有不同。

壹

二条城

にじょうじょう，Nijoujo

住 京都府京都市中京區二条堀川西二条城541

W www.city.kyoto.jp/bunshi/nijojo

「二条城市民大茶會」於每年十月底、十一月初舉行，共三天。茶會票券可提前至二条城購買。

弍

京都市國際交流協會

Kyoto City International Foundation

きょうとしこくさいこうりゅうきょうかい

Kyotoshi kokusai kouryu kyoukai

住 京都市上京區寺之內通堀川東入ル百々町547

W www.kcif.or.jp

提供外國人遊客及居民各種資訊，舉辦各種交流活動。每週二下午的茶道課，對外開放茶道示範，提供外語服務。名額有限，需於當天中午之前預約。

叁

彌榮會館 Gion Corner

やさかかいかん，Yasaka kaikan

住 京都府京都市北區上賀茂本山339

W www.kyoto-gioncorner.com

幾乎每日舉行京舞（日本舞踊其中一流派「井上流」，為許多舞藝妓所學習）、華道、茶道、日本箏、雅樂、狂言（傳統戲劇，多為滑稽內容）、文樂（傳統人偶劇）的演出。票券可在現場購買。

茶道

在京都學習四季循環

Kisetsukan

來日本居住之前，便曾在書中讀過，日本人有項最重要的審美意識：注重與大自然的融合。不過知道歸知道，倒是沒有特別放在心上，也沒認真理解過背後原因。實際到京都居住，體驗過比故鄉高雄還濕熱難耐的夏天，以及連北海道居民都表示寒冷煎熬的冬天，我這才領會，這兒的人們並非特意重視自然，而是根本無法忽視自然啊！

尤其京都是盆地，三方是山，據統計，每年平均有超過兩個月是三十度以上的高溫，集炎熱及嚴寒於一地，且晝夜溫差極大。每次一到極寒與極熱的季節，我便常在心中喃喃，從前天皇及貴族怎麼選擇如此難以居住的地方作為國都啊？不過回顧歷史，京都似乎真的較少天災，也難怪人們會在這兒紮根發展了。

我居住的修學院站，比起前一個居處不過只是往北騎腳踏車約十分鐘距離之遠，但冬天明顯冷得多，竟然冷到手起了凍瘡。窗外的美好景色，果然需要一些犧牲才能換來啊。

關於大自然，和服老師教了我一項理論，我聽完之後恍然大悟。在原始社會中，人類和大自然的關係大大影響了人類如何生存下去。在歐洲，氣候寒冷，土地貧瘠，人類與大自然是站在「對抗」的關係，人類想征服並利用自然，也因此產生了後來的科學主義、合理主義。在古代中國，雖然有黃河氾濫等天災，但只要忍耐過後，河水會帶來肥沃的土地及豐沛的收穫，因此人類與大自然是「順應」的關係。在日本，有著受大自然恩惠的風土，人們不與大自然對抗，而是與其「融合」，因此日本文化是以注重自然感受來發展的。

在京都，我體驗了四季變化，並參加了各季節的行事，真切地感受到日本人如何重視大自然。

旅人們常搶在櫻花季節造訪，為的是一睹那染上粉色的京都。但對居住在此的人們來說，之所以期待春天，正是因為冬天的嚴寒。在每日冷得刺骨、凍得幾乎流淚時，稍微有一些春天的影子，像是發現哪兒開了小花，或是太陽露出了些暖意，都會令人開心不已。以這種心情迎接的春天，再美不過，難怪大家喜愛春天時在櫻花樹下享著賞花便當、喝點小酒作樂了。

同樣地，夏日熱得難受（尤其是在沒有空調的昔時），當晚上有了些涼意、綠葉開始轉黃時，最舒適的季節就要到來了。炎暑讓人缺了食慾，這下總能賞著紅葉、享著舒適的氣候品嘗當季食材大啖一番了吧，難怪人們常說「食慾之秋」呀。

順應一年四季的流轉，人們做著符合時節的行事、吃著當季的食材、享受當季的景色，並不因有了高樓大廈及冷氣、冰箱，壞了大自然循環。這便是京都了。

✣

在這種背景之下發展出來的茶道藝術，更是奠基於自然。

我上茶道的地方，就在象徵茶道流派裏千家的茶室「今日庵」旁邊。各位手邊若有京都地圖，請找找「堀川今出川」的交叉口附近，有條稱作「小川通」的窄巷。附近並沒有任何著名觀光景點，路上望去也是普通住宅區的風景。但這幾條小路所夾著的，左邊是表千家的茶室「不審庵」，右邊是裏千家茶室「今日庵」，再往南行，則是代表武者小路千家的「官休庵」。表千家、裏千家、武者小路千家，正是代表日本茶道的三大流派，合稱「三千家」，其中裏千家的分部協會更是遍布全世界，包含台灣也有兩個分部：北投協會及台北協會。茶道如此發展蓬勃，茶室卻藏身於一般的民家小徑之中，頗有「結廬在人境」的意味。

特地提起這個簡樸且保留昔時風情的茶室，是想強調我們上課的地方是沒有冷暖氣設備的，這也是學習順應大自然的方式吧。每到季節轉換，就像服裝換季一樣，茶室會換上各

種適合季節的建材及道具擺設等。

不過茶道中的季節和四季的區分有些不太相同，大致上是一分為二，五至十月為「風爐的季節」，十一月至四月為「爐的季節」，接著再依照二十四節氣做更細膩的區分。對茶人們來說，「新年」是在十一月。

由於採茶季節在五月，將茶做好後存放在壺中保存一整個夏天，到了十一月，正好拿出來飲用，稱作「口切」，意指將茶葉壺打開，這便是茶道中的「新年」行事。此時天氣正好也漸冷了起來，因此會舉行「開爐」，把砌在榻榻米底下的爐拿來使用。於砌在地底下的爐裡放入炭，上面掛著鐵釜燒水，燒炭的熱空氣由地底漸漸上升，正好溫暖了坐在榻榻米上的人們。到了五月，天氣轉暖，此時換上高高架起的「風爐」，上面掛著鐵釜燒水，不僅通風，也能讓熱空氣不會堆積在地面。茶道中的一切作法看來繁瑣難解，像是儀式一般，實際上每個動作都是講求科學、求效益的。

茶道學習除了學修養、學態度、學鑑賞藝術之外，還有一項重點，便是吸取先人所累積下來、順應四季的生活智慧。雖然現代人倚賴科技的便利，時常不將這些生活智慧及四季變化看在眼裡，但是茶道訓練可不會因此輕易放過呢。●

◎ **右圖**｜茶室隨著季節會換上不同材質的門窗，夏日使用的是「葦戶」，不僅通風，視覺上也舒適。本照片攝於「宇野商店」。**中圖**｜茶道中五至十月所使用的「風爐」。將鐵釜架高來燒水，以利通風。**左圖**｜茶道中十一月至四月所使用的「爐」。將鐵釜放在砌於地底下的爐

茶道

以五感體驗冬暖夏涼

Gokan

我一直以為，「溫度」的體驗僅在於觸覺或味覺，也就是皮膚的觸感及口腔中食物的冷熱。學了茶道之後，才發現並非這麼一回事，每個感官都應該擁有各種知覺，只不過從前的我忽略了。

學習茶道時，有許多在季節中製造舒適的方式，簡單說就是類似「望梅止渴」的效果。話說這種作法，我原本不怎麼相信有效果，沒想到久而久之竟然因此受到制約，現在的我，日常生活中也會配合季節尋找相應的道具或菓子等來使用或食用，如果不這麼做，就會覺得日子哪兒不對勁。

這便是茶道集大成者千利休所說的「茶室必須夏涼冬暖」吧。所謂夏涼冬暖，不只針對真正的體感溫度，其實在茶室中能夠透過五感得知的一切，都能創造出夏涼冬暖的功效。

茶道的季節大致上一分為二，五至十月為「風爐的季節」，十一月至四月為「爐的季節」。舉茶室中點薰香的例子來說吧，風爐的季節天氣較炎熱，使用的是白檀、伽羅等香木，味道較簡單清爽，並且會用輕薄的木製漆器盒子（稱「香合」）來盛裝。到了較冷的爐之季節，則會點起各種香料揉成的濃厚小香球「練香」，並且使用質地較厚的陶器盒子來盛裝。

另外，盛裝抹茶的茶碗也有季節之分，除了茶碗上的圖樣多是配合季節所繪，夏天時，會使用開口較寬、碗底較淺的茶碗，目的是散熱快，讓茶能夠早些涼，這是真正的體感溫度。有些夏天的茶碗甚至以玻璃材質製作，為的是達到視覺上的清涼效果，降低視覺溫度。

這個道理大概就像是夏天想用玻璃杯喝果汁、冬天想用陶杯喝熱巧克力一樣吧，除了實際的「冷」、「熱」之外，天冷時想吃、想觀看質感醇厚且溫潤的食物及器皿；天熱時則偏好舒爽清淡，我想便是出自同樣的道理。只是我們平常太注重五感中最直接的「口」，而忘記其他官感也需要季節性的感覺來調和。

✣

其中我覺得最有趣、最能襯托出季節的，在於和菓子。

茶道用的和菓子，常會有個優雅的名字，稱「菓銘」。這些菓銘像是文人的遊戲般，可能來自於某個名勝古蹟、某個歷史事件、和歌、文學或季節性的植物等。從前若能在茶席上說出或理解菓銘背後的深意，也是一種學識的表現，更重要的是透過菓銘體會茶會主人想表達的意境。對了，由於從前接觸茶道的幾乎都是男性，因此在江戶時代，男性精通甜食菓子，可是有教養的證明呢！從前甚至有本稱作《男重寶記》的男性常識教科書，當中記載了兩百多種菓子名稱，以及二十幾種菓子插圖。看來男性想出人頭地，精通甜食可是必要的。

說來不好意思，剛接觸茶道時，我對「菓銘」的意境完全不瞭解，心中真是疑惑了好一段時間。因為在台灣，點心和名字幾乎都是符合的，雖然鳳梨酥其實不是用鳳梨製作的，太陽餅也不是太陽，但至少蛋黃酥裡的確包著蛋黃，而我們稱之為咖啡、草莓、香草等口味的點心，吃起來就的確是咖啡、草莓、香草的味道。

但和菓子並非如此。例如一、二月的菓子因配合花期，常有著「梅」字，如寒紅梅、北野之梅；三、四月則是常有個「櫻」字，如櫻襲、遠櫻等。我原本滿心歡喜，期待著可以吃到梅子口味、櫻花口味的菓子，結果吃到的幾乎都是紅豆、豆沙、糯米等材料而已。我還曾一度懷疑是不是自己味覺出了問題，後來才知道是自己先入為主的認知錯誤。

春天的菓子若名「嵐山」，那麼便是要人聯想到嵐山的櫻花美景；「遠櫻」則是由遠方眺望櫻花之意；秋天的「銀杏」，當然不是銀杏味，而是讓人聯想到京都御苑銀杏葉片灑落滿地（雖然銀杏葉片實際上奇臭無比，但景致的確是美的）；冬日的「寒椿」，便是指雪地中盛開的山茶花品種。只聞菓銘，似乎眼前便浮現美景，並感受到季節變化了。

當中我尤其喜愛夏日的菓子。

其他季節的菓子雖然隨季節不同，也有各種意象及圖樣，每個都漂亮得令人愛不釋手，但大多是豆沙、糯米、麻糬類的口感。只有夏天，能吃到許多透明、滑溜、外表清涼的菓子呢。

寒天、葛、蕨、道明寺粉，這些和菓子材料做出來的質感幾乎是透明或半透明的，盛裝在玻璃菓子皿當中，光用看的，都覺得打從心底冰涼了起來。尤其是「葛」——以葛根部提煉出澱粉質，乾燥後成葛粉，再加工而成的食物，口感滑嫩有勁，大概比蒟蒻還要再柔軟些吧。拿來做成圓圓的菓子，透明的外皮包上五彩的餡，餡兒的顏色若隱若現，好似寶石一般。在濕熱難耐的京都夏日，從前的人們可是用盡方式，讓每個感官都能夠得到涼爽呢。

如此這般，我試著將茶道課堂上學到對季節感的重視，帶入生活當中。我在不同季節，於家中點起不同味道的薰香，

◎夏天的和菓子大量使用寒天、葛等具透明感的材料，以視覺上的清涼感達到「望梅止渴」的效果。

夏日清爽，冬日濃郁；或是在不同季節，購買當季時令的點心來享用。夏日喫茶時，我使用木質漆器杯，冬日啜飲加了牛奶的紅茶或可可，則使用陶瓷質感較為厚重的杯子。現代人使用冷氣、暖爐，雖然生活舒適了，卻失去、忽略了與大自然循環的互動。地球暖化、天氣異變的今日，我雖然不捨放棄現代人智慧結晶的冷氣及暖爐，卻也希望自己能夠如同茶道所重視的一般，回歸四季變化，順應大自然的律動。●

◎使用玻璃餐具也能帶來清涼感。

ⓒⓘ casek

壹

京都御苑

きょうとぎょえん，Kyotogyoen

住 京都府京都市上京區的國民公園

W www.env.go.jp/garden/kyotogyoen

弍

嵐山

あらしやま，Arashiyama

住 京都府京都市西京區桂川沿岸一帶

嵐山自古以來便為貴族的別墅所在地，春日可賞櫻、秋日可賞紅葉，並有山及川，自然景致非常美麗。

茶道

不用言語的默契

Tuujiai

在京都住了約一年半時，我對日本文化及日本人的思考模式還不怎麼瞭解，第一次與一群日本人合作完成一件事，並不是在學校裡，而是和一群課堂上的前輩一同上台表演三味線。回想起那次的經驗，我所學到的反倒不是三味線技巧，而是一種難以言喻、日本人所謂「默契」的精神。

那是三味線教室所舉辦的年度發表會。我的三味線老師門下大概有二十幾名學生，平時分別在老師家個別上課，並不會互相碰面，只有每年到了發表會前兩個月，大家會利用周末一同在老師家裡練習合奏。

老師事先排好所有曲目的練習時間，學生們自己算準時間到場，到場後自動將樂器、樂譜、譜架排好，等到自己的曲目開始便接上去練習，完全不會打擾到其他正在練習的人。一整天的排練，就這樣如流水般地進行下去，若有不解之處，前輩自然會帶領，老師只需在前面指揮排練，對於其他瑣事完全不用多出聲。

另一次我察覺到類似的氣氛，是長輩招待我和外子到一間位於上賀茂、曾拿過米其林一星、頗有名氣的料理店。

據說在日本，尤其是京都，要成為一流日本料理廚師，幾乎都要精通茶道。不僅是因為「懷石料理」本來就源出於茶道，一流的料理除了美味之外，使用的器皿、與季節的呼應，甚至是整套料理的主題、整個料亭的建築擺飾等，也都得考慮在內，而這些都是茶道學習中不可欠缺的。

這間料理店的老闆理所當然地也精通茶道，店裡沒有固定菜色，老闆每天早晨採到什麼野菜或花草果實、買到什麼新鮮肉品，就會成為當天桌上的佳餚，以及佳餚旁的擺飾。店內所有座位都設在吧台，因此能夠現場觀賞老闆及助手們的烹調過程，吃到最新鮮現做的料理。看廚師們的烹調技術，精湛得好像在看一場表演，真是一場視覺兼味覺的享受。

此時，我突然發現一件事。這五位廚師完全不用言語交談，大家都知道各自該做些什麼，該將哪道料理端到哪位客人面前。現場唯一的言語是客人之間的低聲交談，以及廚師們邊烹飪、邊與客人介紹料理內容的談笑聲。

我想，他們應該配合得很習慣了吧，不過我又立刻想起，店裡每天供應的可都是不同的料理啊！好奇之下，我問了老闆，老闆告訴我：「我們每天早上準備完食材後就會先開會，討論當天的流程及工作分配。」

原來如此。但是就算事先開了會，製作料理的過程如此繁複，每天處理的食材又不同，能夠達到如此不用言語便順利進行的境地，的確並非易事。

我心中浮現的畫面，是台灣的小吃店，或日本一般的食堂，店員大聲向廚房喊著：「一份炸雞喔！」、「十個水餃！」端出來後接著大喊：「豬是誰？」、「牛是誰？」偶爾還會聽聞廚房中傳出老闆斥責員工，或員工笑鬧喧嘩的聲音。這雖然又是另一種活潑熱鬧氣氛，但能達到眼前這種不用出聲的分工默契，更是另一番境界了。

回家之後，這場料理饗宴的感動一直在我腦中揮之不去。我突然想到料理與茶道的關係，想起了平時的茶道課，原來祕密就藏在其中。

✣

我們平時上課是在茶室中，但若是參加正式茶會或練習「茶事」（包含懷石料理及茶的整套宴客程序），就會使用茶室外面的庭園，稱為「露地」。露地除了有一定形式或名稱的植物、石頭步道、等待處、裝飾之外，還有許多大大小小的機關，這些機關都考驗著茶會主人以及客人之間的默契，像是一種循線索解謎的遊戲。

例如，到達露地時，如果發現地上石頭帶些濕潤，似乎有

◎ **右圖**｜用繩子在石頭上打結，表「禁止通行」之意的「關守石」。**左圖**｜庭園中石製的洗手台稱「蹲踞」，進茶室前必須先在此處洗淨雙手。

人在這兒灑了水，便表示主人已經準備好，將庭園清掃完畢，歡迎客人進入。平常若造訪一些比較正式的料亭，可能也會發現路面有些濕潤，由來便在此。

如果看到門縫有些微開，並非主人忘了關上，而是主人留給客人的暗示，代表請客人進入；至於不能通行的道路，也會放置綁了繩子的「關守石」，有禁止通行之意，以防客人走錯。走在露地當中，發現主人留下來的一個個線索，循著暗示前進，也是一種趣味，更是主人的體貼。

茶會及茶事的進行是不用言語的，客人進茶室時，主人貼著紙門聆聽客人的動靜，待所有人入座，主人立刻開門，打個簡單招呼：「抱歉，我要進來了」。茶室內的對話也很有限，只有主客能與主人對話，而內容多是關於茶室內的一切。享用懷石料理時更有趣，用完餐後，主客使個眼神，所有人一同將手中的筷子「啪！」地一聲用手掌推進托盤中，在後方等待的主人聽到這個聲音，便知道客人已經用完餐，可以進來收拾了。這一切表面上看似平靜，其實主客心中早已交手好幾回合了。

茶道中的各種規矩就像是齒輪的運作，只要事先將輪上的齒痕刻劃好，一個個齒對齒扣上，輪子便會自然轉動起來。

若主客皆熟習這套不用言語的規矩及暗示，一切皆能順利進行。少了言語的喧囂，便更能集中心力在視覺、聽覺、味覺、嗅覺、觸覺等感官上了。

我突然想起茶道老師對我們的教育。由於我上課的茶室有許多外國人，其中甚至有不諳日文的，雖然課堂上有幫忙翻譯的老師，但在解說作法時，茶道老師從來不靠翻譯，而是直接用動作表現，老師甚至曾表示沒有必要做過多的解說。起初，我覺得老師的作法太過嚴苛，對於不懂日文的外國人來說，連踏進和室都不習慣，何況要正座並學習這些繁雜的動作。但過了一段時日，有些不用言語的外國學生，甚至比靠言語吸收的日本學生要學得快多了。

我恍然大悟，原來我們的生活太過仰賴言語了，憑著言語學習記憶的結果，可能往往只學到字訣，卻忽略了真正的意義，以及人與人的互動。雖然言語能幫助釐清真相，但言語也常常掩蓋了本質。若偶爾將言語擱置在旁，將心思集中在其他感官，也許我們反而能夠更貼近事物的本質。人與人的默契，也就自然發生在這不用言語的瞬間了吧。●

茶道

京都人的體貼

Omotenashi

日本非常講究「OMOTENASHI」(「おもてなし」)之心。「OMOTENASHI」若要用中文詞彙來解說，可能譯得不盡完美，在此就暫且簡單稱之為「款待之心」吧。

茶道中的許多作法，可以說都是為了讓主人能夠極盡「OMOTENASHI」來款待客人。不知是否受京都文化固有的「OMOTENASHI」影響，才產生了極盡「OMOTENASHI」之道的茶道文化，或是茶道文化進而影響了京都文化，總之，京都大概可說是日本最講究「OMOTENASHI」的地方了，而京都人擅於款待客人的特性，更讓京都發展出全世界聞名的觀光產業。

關西地方出身的長輩曾表示，京都人比起其他地方的人，更擅於招待客人。當時，長輩所用的就是「OMOTENASHI」這個字。在京都也時常能看到各類廣告標語，提醒大家要學習、懂得「OMOTENASHI」之心，甚至可說京都獨特之處，其中有個因素便是「OMOTENASHI」的文化。我還曾在書上讀到，這份態度並不只限於主人對待客人，而是日常生活中對待所有人事物的行為舉止，都稱作「OMOTENASHI」。京都人對人事物的態度是「柔軟」的，因此就算只是以一般態度待人，都會讓人覺得既仔細又得體。

京都的和菓子店接受訂單時，會詢問對方：「買回去之後，幾點要拿來款待客人？」這是為了讓店家能估計時間，提供最新鮮的菓子讓賓客享用。京都人為了客人來訪，會將整套流程擬好，並且提早準備室內裝飾及新鮮食材等。我的確曾經在京都人家中體會到一連串的驚喜，包括對方待客的所有作法、布置及餐點。當天，我像是觀賞了一場極為精采的演出，至今回味起來，心中仍感動不已。

但京都人又極為婉轉，細心顧慮他人，因此言語表達經常太過曖昧，造成的結果便是讓外來的人搞不懂京都人心思，反而以為他們是「IKEZU」（「いけず」），也就是「壞心眼」之意。說起來，這就像是茶道的作法吧，各種規矩就像是齒輪的運作，只要事先將輪上的齒痕刻劃好，一個個齒對齒扣上，輪子便會自然轉動起來。如果主客都能瞭解這套規矩，那麼齒輪就能卡得很緊，不會有人落在外頭。但若有人不懂規矩，誤闖了不用言語明示、只憑暗示的茶室，還真會不知所措，以至於對茶道敬而遠之了。

因此，在京都有個著名的說法，在京都拜訪人家時，若主人說出：「要不要吃茶泡飯呢？」（京都方言稱茶泡飯為

「BUBUDUKE」）言下之意是指已到用餐時間了，我們家中沒有準備晚餐，只有粗糙的茶泡飯，因此想請客人離開。雖然這件事我並未親身驗證過，但當其他地方的人們拿這個例子開玩笑，說是京都人壞心眼、心口不一時，我想京都人多少會有些哭笑不得吧，因為這可是他們委婉體貼的表現啊。

✥

話題回到茶道上的「OMOTENASHI」。修習茶道時，我才發現除了客人眼前所能見到的細節外，有許多「OMOTENASHI」時常是藏在客人看不到的地方。老師告訴我們，如果連這些客人無法一眼瞧見的地方也能用心做好，那麼這些「OMOTENASHI」帶給客人的厚度及深度，感受也將會不同。

舉個最簡單的例子吧。刷茶時，要在客人面前將抹茶粉由稱作「棗」的容器中舀出，因此每次行準備工作時，需要事先將抹茶粉放入「棗」當中。放入抹茶粉時，不僅要用篩子篩過，使茶粉不至凝固，甚至還得用茶杓細心地一杓杓將抹茶粉整齊地「堆」進「棗」中，讓茶粉形成一個自然且漂亮的小山丘狀。由於茶粉極細，很容易散開，因此這樣一個放抹

◎ **上圖**｜將茶粉裝入「棗」當中時，就算客人不易發現，也必須將其堆成漂亮的小山形狀。（照片提供．祝曉梅）**下圖**｜行準備工作時就必須將所有道具清潔完畢，但到了客人面前，還要用「帛紗」（左側的絹布）再擦拭一次。

茶粉的動作就要花上好多時間，並且練習許久，抓到訣竅才能做得好。簡單的一個動作，不僅練就了耐心、細心，還練出了對客人的體貼，讓客人不經意打開「棗」的蓋子時，能夠看到最完善的狀態，也就是抹茶粉堆成的漂亮小山，而不是抹茶粉散亂的模樣。

另外，主人在客人面前行「點前」時，需要用柔軟的絹布將所有道具擦拭過一次。其實這些道具在準備時早已清潔過了，但在客人面前仍需要再度擦拭，讓客人知道這些物品是清潔的、是細心為客人準備的。

千利休曾教誨弟子，學習茶道要有的基本態度，稱作「利休七則」，教導茶道修習者該如何行準備並如何款待客人。雖然是拾人牙慧，我也沒能完全做到，但還是在此列給各位參考。

- **茶必須合口。**
- **添炭方式必須易於煮水。**
- **花朵必須帶有野趣。**
- **茶室必須夏涼冬暖。**

· **必須較約定時刻更早備妥。**

· **不下雨也必須備傘。**

· **必須體貼同席者。**

這七項都是知易行難、容易忽略，卻又讓人感到貼心的細節。京都人的「OMOTENASHI」，與「利休七則」的確有共通之處，也就是體貼、顧慮他人、款待他人，連看不見之處也做得盡其完美。●

禮法

最高的禮節不是一成不變

Reihou

身為台灣留學生，偶爾會羨慕起金髮的歐美留學生或旅人。為什麼？相信許多在日本的台灣人多少都曾感同身受。

日本是非常重視和諧的民族，幾乎整個社會對於該做什麼、不該做什麼，都有一種不必言喻、只靠心神領會的默契。這個默契有小有大，小至同學間談話時什麼能講、什麼不能講，大家幾乎都心知肚明；大至全國發生大事時，大眾媒體什麼該播、什麼不該提，所有媒體就像私下開會決議過一般，幾乎沒有人會逾矩。

但身為一個外國人，要懂得這種默契，有時並不簡單。一些日本人約定成俗的行為對我們來說，可能壓根兒沒想過，而在重視團體氛圍的日本，稍微有些脫軌的行為，老實說，還蠻受人矚目的。

如果今天是外表差異甚大的歐美外國人，一眼就能辨別，日本人可能會覺得「因為是外國人，難怪不懂」，而不多作斥責或在意。但若外表與日本人無異，加上一般日語會話又還算流暢，此時若不懂規矩，可能就容易遭人眼色了。我在京都生活的第一年，就充斥著這類困擾。可能因為我的打扮和一般日本學生沒有太大差異吧，加上日常會話還算通順，參加許多團體活動時，就算老師知道我是外國人，也經常把我當作「日本人」來對待，但其實以我的所知所學，怎麼可能完全應付得來呢？例如第一次參加日本舞踊的課程時，就曾因為一個小小的動作，被老師著實地訓了幾句。當時我準備將手上的錄音帶交給助教，請助教幫忙播放。助教正座在教室的木地板上，我沒有想太多便半蹲下來，一隻手壓住浴衣下擺，另一隻手將錄音帶遞給助教。

「怎麼可以那麼不禮貌！妳應該要正座著用雙手遞上，並且向助教道謝！」

我被老師的斥責聲嚇到了，當下慌了手腳，不敢出聲，忍著淚水把課上完。回到家後不斷反省，待平靜下來之後，難免有些埋怨老師，認為她不應該預設我一介外國人會懂得這些禮節。現今想起來，這個回憶還真稱得上創傷啊。難過歸難過，事後我深思良久。既然身在京都，加上對傳統文化課程有興趣，實在有太多必須用到日式禮節的場合。我下定決心，若我的髮色及膚色容易被當成日本人來對待，那麼為了解決這個困擾，就要搞清楚日本人那些不用言語的默契及所謂的日式禮節，究竟是怎麼一回事。

◎「懷紙」是放入懷中隨身攜帶的小張和紙，可行多種用途。用法類似現代的「面紙」，因質地牢固，也可拿來當作筆記用紙。穿著和服或是享用正式日式料理時，攜帶幾張懷紙，非常方便。

自從經歷文化衝擊之後，我開始注意並觀察日式禮儀，漸漸有了些心得，後來甚至還起了興趣。為了能得到最完善、最系統的學習，我與和服老師提出要求，請老師教導我「禮法」。禮法，也就是禮儀及作法。日本自古便有「禮法」的學習，範圍非常廣泛，包括日常生活的禮節，理解一年四季的傳統行事，以及遇到各種儀式時該如何準備對應等。

雖然茶道課多少也有學習行禮、開門、端茶、行走等禮節，但畢竟這些都只限於在茶室當中，接觸的也都是傳統的事物。這些舉止都是以在榻榻米、在茶室中行動為準則，但出了茶室之後，現代生活中幾乎以西式事物為多，此時該怎麼做，我便沒了頭緒。而和服老師所教導的禮法，便是順應潮流而做了修改，除了教導如何在和室中行動，也包括如何有禮貌且優雅地使用立桌及立椅，另外像是喝茶的方式，除了教導日本傳統抹茶、煎茶的飲用法，甚至還納入了西洋紅茶的沖泡及飲用。

不過，我還來不及學習深奧的禮法，老師從我一踏進教室開始，就將「拜訪他人家中」時所有正確的舉止，從頭教了我一遍。如何進門、如何放鞋子、如何開門、如何入座等，原來要注意的細節如此多，之前的我還真是什麼都不懂！

◎ 用折紙的方式來包裹物品，並且拿來贈答或裝飾家中，稱作「折形」（おりかた，orikata），是日本的禮儀作法之一。

此時，我心中卻起了一個疑問：之前我在什麼都不懂的情況下造訪老師家，老師卻從來不曾讓我覺得自己「什麼都不懂」，反而可以很放鬆地接受老師的招待，這究竟是為什麼？

「現代社會有許多人並不清楚這些禮節，若自己瞭解這套禮節，拿來與人應對，當然很好，但若發現對方並不清楚禮節，那麼就要順應對方來調整自己的作法。最重要的是，絕對不要讓對方覺得不自在，這才是最高的『禮』。」老師如是說明。「『禮法』在於適時、適地，隨著對象及環境改變形式作法，但真正不變的，是體貼對方的一顆心。」

之所以要做到「禮」，是為了在任何細節都能關注到對方的需要，而不是依照形式完成整套流程，以示自己對禮瞭解了多少。因此，從前不懂禮節的我，雖然不知道該注意哪些細節、不知如何與對方互動，但相對來說，懂得「禮」的老師能夠包容並關注我，知道如何讓我在這樣的環境中自在，難怪我會覺得造訪老師家時總是特別舒適且放鬆了。

現在的我，終於能夠瞭解每次造訪老師家中，或是京都出身的長輩家時，那份貼心自在且舒適的感覺是從何而來了。希望學了「禮」之後，我也能成為讓對方覺得自在舒適、安心的人呢。

禮法

受「禮」框架的社會

Osakini

二〇一一年東日本大地震時，災區民眾不慌不忙、有秩序應對的景象，成為全世界稱道的焦點。雖然日本的防災訓練原本就做得萬全，但「禮讓」卻非防災訓練便可促成的，若不是因人們有著根深柢固的思想，更別論緊急時刻容易喪失理性判斷的能力了。

這種思想，其實能夠從日文常見的招呼語得知。除了「請、謝謝、對不起」、以及見面的招呼語之外，茶道課堂上所教、最常使用的一句招呼語，大概就是「我先（用）了！」（お先に，OSAKINI），為「抱歉，我先（用）了」（お先に失礼いたします）的簡略說法。進茶室之前，要先和自己後面的客人說「OSAKINI」，享用菓子及抹茶前，也要和下一位客人說「OSAKINI」，並和前一位客人說「請讓我和您一起享用吧」。

剛開始學習「OSAKINI」這句話時，嘴上雖然唸得順暢，我心中倒還有些猶豫，但說久了就會成為自己的一部分。現在我講出這句話時，心中的確覺得對於自己的「優先」，應該和對方有所表示。

「OSAKINI」這句話也適用於日常生活中。不得不比他人先行時，人們會用這句話與後方的人表示歉意。上個別課時，前一位上完課的同學總是會對我說「OSAKINI」，更甚者則還會恭敬地行鞠躬禮。乘坐電梯，或是使用公共設施時，先走一步、先使用的人，也會對後面的人說這句招呼語或點頭示意。我想，日本人能在震災時仍然不爭先恐後，便是因為心中有著「OSAKINI」這種體貼他人的意識吧。

此外，對外國人來說最難適應的，應該就是貼近地板的低姿態行動了。在和室裡，少了立桌及立椅，雖然空間感覺更寬敞，但我著實花了一段時間才完全習慣在榻榻米上行事。當然，這種低姿態的行動也和許多日式禮節關係極深。

日式紙門（ふすま，fusuma）上有個凹進去的拉闔處，比一般西式住宅的門把位置低了一些。我從前並未注意，造訪老師家時，總是直接將門拉開，大步就跨進和室了，後來才知道這是錯誤、不禮貌的。原來，真正禮貌地開紙門方式，必須正座在紙門前方，手指併攏，分做三次，慢慢地將紙門推開；進房間前，更應該先對著裡面行禮，告知房內的人之後再進門。

仔細想來，這樣的作法不無道理。在和室活動時，所有人事物及視野、水平線都比西式生活來得低，若突然有人以站立姿勢把門推開，大剌剌地跨進門，想來還真冒昧呢。保持與對方相同或更低的姿態，也是一種謙虛的心情。

領悟了這些之後，回想起剛開始接觸日本文化時，什麼都不懂的自己，搞不好曾犯下許多錯誤，只是身旁的老師和前輩們容忍著我吧。

✣

禮法的第一堂，學的是「拜訪他人家中」時的禮節作法，大抵說來，這些作法的重點都是要「為對方著想」。

進門前要先將身上大衣卸下，以免把汙穢帶進對方家中。不過現代許多人家門口沒有屋簷，加上冬日天氣寒冷，並不適合如此做，可以在進門後先和主人稍微致歉，再卸下大衣。

進門後，先和主人行禮招呼，接著以正面對著主人脫鞋，踏上玄關，稍稍轉過身來，側著身子把鞋子轉向，使鞋頭面對門口，以便離開時易於穿上。記得一切動作都不可轉身以背部面對主人，因為以背部示人是不禮貌的。

進和室前，必須坐在門前，手指併攏分做三次，依照固定手法將紙門拉開。行禮和房內的人打招呼後，以離對方較遠的腳起身站立。轉身進門坐下後，以與方才相反的動作，分作三次把紙門關上。

◎ **右圖**｜在和室中，行動時的姿勢比洋室來得低。**左圖**｜茶室後方的「水屋」，也就是行清洗、準備工作的地方。由於排水口在地上，水龍頭高度尚不及腰，因此必須跪在地上使用。（攝於「宇野商店」）

進和室後，需避開房內的主位，正座和對方行禮。若有帶伴手禮，應此時拿出來交給對方。遞物品也有一定的手法規則，重點是要將物品從袋中或布巾中拿出，將正面朝著對方，使對方易於拿取。

看起來很繁雜，但只要多做幾次，就不怎麼容易忘記了。雖然現代社會並非人人都熟習這些禮儀作法，但若能熟知詳盡的規矩，生活中就不怕失禮了吧。因此不少人會特地學習禮儀作法，不僅是為了使日常生活更有規矩，也是為了讓自己的姿態更優雅。更甚者成立流派、教室或學院，隨著時代不同，依當代的生活方式，表現出符合現下的禮法。

這便是「日本」呀！這類固定的作法不僅限於茶道、禮法或傳統藝能，日本社會、文化當中，總有許多一個個的框架、一條條的規範。人們只要依照著框架或規範生活，抱持著「以對方優先」的心情，與他人用相同的呼吸韻律來行動，便能維持社會的和諧運作。雖然以外國人的角度來觀察，偶爾覺得這種方式侷限了發展、降低了做事效率，但也不得不承認，正因為這些繁複的框架和規範，才能將璀璨的日本傳統完整且精確地保存、傳承至今。●

貳　京都稽古事

京都人
道京都事

參

「稽古」是一輩子的樂趣

訪談 一

料理研究家 宇野克子 Uno Katsuko

餐飲空間設計家，泰國料理研究家。裏千家茶道家，曾擔任祇園庵「茶事教室」指導。經營京風宮廷泰料理「佛沙羅館」。著作《タイ・京都 おもてなしのテーブル》（泰國・京都 款待之餐桌）。

第一次見到克子老師，是因為造訪了老師所經營的「佛沙羅館」泰式料理店。

這是間獨一無二的泰式料理店，類似的空間大概再也沒有第二個了吧。入口位於木屋町的小巷弄當中，招牌店名下寫著「在京町家享用宮廷料理」。原來，這兒從前是舉辦宴席用的「茶屋」，面向著鴨川，經過克子老師的巧思，改造成了和式與泰式融合的空間。店裡盛放泰式料理的每一樣器具，都非常精緻且別具趣味。

當天克子老師正巧在店裡，和她一聊之下才發現，原來她是餐飲空間設計家，難怪能夠將空間布置得如此別出心裁。同時她也是個料理研究家，且精通茶道——她細心招待的態度，的確頗具茶道中「OMOTENASHI」的款待之心。

回到家後，我仍對當天的餐桌擺設念念不忘，於是買了老師的書來參考。這才知道，老師並非京都出身，從小學習各種傳統藝能的她，嫁到京都來後便隨著經營茶道美術品商店的夫家從事茶道相關的活動。能夠將如此深厚的傳統文化基礎發揮在創新的領域上，讓我興起了念頭，想與老師請教對於日本傳統文化的看法。

某個下午，老師與我約在夫家經營的茶道具店——宇野商店。原來這間店就位在祇園一區、四条通上的馬路旁，我還經常路過，每次總會緊盯著櫥窗中漂亮的茶道具目不轉睛。那天，在美術品、抹茶、和菓子的圍繞中，我與克子老師愉快地暢談了一整個下午。

「稽古」的童年

克子老師的母親成長於戰爭時期，因此她將自己的許多心願寄託在女兒身上。母親總是問她有沒有興趣學習技藝，克子老師也很愉悅地答應了，因此她童年時，每天放學後幾乎都會去「稽古」——學日本舞踊、箏、鋼琴、畫畫、英文等，其中大半是日本傳統文化相關的課程。唯一沒答應母親的，是學習三味線。

「因為彈三味線的姿勢，我就是無法接受！」聽到克子老師這句話，我忍不住笑了。我也有學三味線的經驗，總覺得彈奏時的姿勢很不符合人體工學，右手得用力彎曲，手指痛得受不了，因此對克子老師的話，我頗能感同身受。

到了京都後，克子老師還學了能、染織、編繩等。她曾埋怨母親怎麼不曾叫她好好讀書，對此母親卻表示，女孩子多學些技藝，總會有好處。如今回想起來，她非常感謝母親當時的抉擇，並願意支付學費帶著她到處上課。正因為有了學習各種藝能的生活，讓她的童年過得繽紛多彩。

據克子老師所述，現在的小孩多少也在課餘學習各種課程，但大部分是上補習班，或者就算上課，也是學習西洋的技藝較多，像是鋼琴、小提琴等，除非是傳統家業底下的孩子。不過，在京都孩童的生活環境中，原本便充滿了傳統日本文化的影子。

「裏千家現在致力於推廣『學校茶道』，不只高中，連國中、國小都有。我有很多朋友都在學校裡教茶道，就是希望讓孩童從小就多接觸日本文化。

「我住在下京區，家裡附近有間洛央小學，常常舉辦傳統文化週，請來從事傳統工藝的師傅或各種專家職人到學校教導和服、茶道等等。」

不愧是京都的學校。正因這些專家職人們就在身旁，邀請也不困難。老師還提到自己兒子的經驗。「我兒子五歲的時候，我帶他去大阪美術俱樂部參加一個茶會。他很乖地坐著，知道這樣的場合不能亂動。突然，他問我：『媽媽，為什麼茶會的時候，第一個端出來的都是黑色的碗註一？』另一個例子是，我先生去學習『能』時總會帶著他一起，讓他自己在一旁玩。有次聽到他在旁邊喃喃自語，走近一聽，原來他竟然唱起了『謠』！這些都讓我印象深刻，小孩子可是很認真在觀察的。」

這些日本傳統文化對京都的孩童們來說，一切都那麼自然，不一定要特意去學習，從小便耳濡目染了。京都人對於保存傳統文化的信念很強，並且有意將這些教導給下一代，正因此，京都才會有許多傳承了十幾代的家業。

「京都的父母其實並不會直接『說教』，基本上大家不會強迫孩子繼承家業，而是讓孩子自由抉擇。但在這同時，父母親會在自己的工作崗位上表現出認真敬業的一面，並且讓孩子們理解父母的工作內容。我曾聽說許多例子，孩子上了大學、出社會工作，沒幾年後，發現還是自己的家業最好，便決定回來繼承了。」

老師這一番話，解開了我長久以來心中的疑惑。我曾訝異為何這些家業可以永續經營，最重要的果然還是讓下一代親身感受上一代的用心，自然就會想接著發展下去了。

體會茶道之趣

克子老師接觸茶道非常久，現今又在先生經營的茶道具商店中幫忙。她回憶高中時參加了茶道團體課程，稍微接觸了之後，發現茶道中的一切——掛軸、花、懷石料理、工藝美術品等，牽涉的領域非常廣，若不去一一理解，就無法繼續學習茶道。一般人可能會因此卻步，克子老師卻說這是很令她開心的發現，因為這樣又能繼續各種「稽古」了。

學習「茶道」對我而言雖然很有意思，但每回不斷反覆同樣一套刷茶程序時，偶爾也會心生困惑，喪失了學習目標。針對這點，克子老師給了我一個答案：「還記得利休七則當中的『相客に心せよ』（必須體貼同席者）嗎？同樣的事情，就算重複進行，每次在不同成員、不同環境之下，都會產生各種變化。如果只是想練習把茶刷好、端給客人，其實很容易。但在進行茶事、茶會時，要如何應對客人、如何邊刷茶邊與客人說明，又能款待客人得體，才是茶道的真髓。所謂茶道的真髓，是在『茶事』當中。」

「茶事」，是茶道當中最正式的茶會，一場茶事大約進行四小時左右，包括客人進入庭園、享用懷石料理、鑑賞美術品、享用茶及菓子等程序。克子老師的意思是，平時不斷重複著刷茶程序、不斷熟悉各種道具，一切都是為了要在「茶事」時能夠好好款待客人。

克子老師曾經指導了十五年的「茶事教室」，她的茶事教室非常特別，一般會在茶道學習一段時間之後，才讓學生練習舉辦茶事，但克子老師的茶事教室卻是提供給完全沒有學習過茶道的學生參加的。這是一項大膽的嘗試，克子老師卻認為，「茶事」不過就是吃個飯及點心、喝個茶，有誰不會呢？克子老師帶領大家依照茶道作法「吃飯、吃點心、喝茶」，透過這樣的程序，讓學生接觸茶道的規則、欣賞各種工藝美術品。正因此，學員們覺得「茶事」很有趣，便決定學習茶道了。

對於茶道不斷重複同一套過程、卻又在重複當中尋找相異處的學習方式，克子老師是這樣詮釋的。「一邊學習『點前』（刷茶程序），一邊還要學習鑑賞書畫和工藝品，這是為了讓每次重複做著同樣的『點前』時，能夠覺得心靈愈來愈充實，這麼一來，自己的『點前』也會漸漸有所改變。如果什麼都不學習，只專注練習『點前』，便會覺得茶道的學習總是在重複相同的內容，而且一下子就到達盡頭了。這樣的

『稽古』，是不符合日本文化的。」

日本文化的「稽古」

克子老師提到了很重要的關鍵字——日本文化的稽古。日文中「稽古」一詞，雖然指的是「學習、鍛鍊技藝」之意，但我親身體驗了一段時日之後，總覺得和原本的認知有所不同。

「茶道的學習不只是自己而已，還要和老師、和身旁許多人大家一起學習，然後一同往下個階段前進，而非『一個人』的事。日本文化當中很多都是這樣的。」

我由於從小學習音樂，在台灣接受過各種不同樂器的個別課程，前後也將近二十年了。來到京都行各種「稽古」之後，卻發現這裡的課程，和我從前在台灣「學習技藝」時的認知有很多想法上的差異。例如傳統藝能重流派制度，即使是同樣的樂器，每個流派學習的內容、曲目也截然不同。此外，通過檢定、拿取資格證照都需要繳上一筆費用，這些費用是為了支撐整個流派的營運。甚至是入門之後，若無特殊理由，不能任意更換老師。

克子老師教導我，「稽古」最重要的，是要先確認自己和老師個性是否相合，最重要的是選擇一個能讓自己願意跟隨一輩子的老師。若只是想學會簡單的技巧，或許不必如此慎重，但若想繼續走下去，那麼，請慎選老師。在學習基礎時，老師所說的就是絕對，要努力學得和老師一模一樣。在日本，師生關係是一輩子的，如果不信任老師，就沒辦法繼續學習了。因此茶道老師絕對不能換，日本舞踊也是，克子老師之前曾因為老師搬了家，原來的老師將她介紹到另一位老師門下，結果因為教法不同，使得她完全沒辦法再繼續學下去。

相對而言，在台灣，大家時常更換老師或教室。我在就讀音樂班的過程中，雖然都和老師保持著良好關係，但也是幾年就會換一次個別課老師，因為台灣人普遍有種觀念，認為要跟隨不同的老師，才能學到各個老師的優點。

「這在日本是不可能發生的，若讓其他老師知道了，甚至會拒收這位弟子。若是搬家之類不得已的狀況，那麼便不在限制內，但若一直待在同個地域，是不可能更換老師的，而且老師們私下都有交流呢。在京都，處處都有很優秀的老師，而且老師們彼此都有連繫，因此大家也很瞭解關於『稽古』的這些事情，知道選擇老師非常重要。」

台灣的學習方式雖然也有優點，能夠截取各家之長，但日本「稽古」的方式——不任意更換老師、在同個流派底下有系統地學習整套內容，可以說是將傳統保存下來的重要因素之一吧。

京都深處的連繫

正如克子老師所說的，在京都，雖然有著來來去去的旅人，但其實在看不到的深處，人們有著很深的連繫，這件事情我也親身體會了好幾次。身為京大的台灣留學生並且學習數種傳統藝能，在京都，很容易就能對焦出我的身分，有幾次，當認識的京都人對我說起「我在某人那兒聽到了妳的消息」，都不免讓我心頭一驚。

「在京都有許多『地域關係』，例如住在祇園這區的、住在下鴨神社附近的，大家雖然不會特意談起周邊人們，也不會主動給予他人意見，但其實都非常關注地觀察著周圍的一舉一動。所以如果你問起這些人們身旁的事物，他們都能立刻回答你，但如果不開口詢問，大家是不會主動表示的。」

除了強力的「地域關係」之外，京都人還有自己強韌的堅持和想法，例如在資訊與人口流通的今日，京都祇園花街的茶屋（舉行宴席、並邀舞藝妓與客人同席作樂的場所）還是堅守著「拒絕一見客」的作法，也就是進茶屋消費必須經人介紹、帶領，才能得其門而入，茶屋並不收未經介紹、初次來訪的客人。這並非他們刻意拒人在外，而是希望能事先掌握來客的所有資訊，以便提供最好品質的服務。

在京都深處人們強力的連繫，若比擬為橫軸，那麼京都人的堅定意志，便是縱軸了。在這縱橫交錯之下，維繫了京都千百年來的傳統文化。

「稽古」是一輩子的學習

在京都，只要不斷往深處挖掘，似乎能夠學上一輩子。「只要對事物抱持興趣，無論多少東西，都能容得下的。一直保持對事物的好奇心，就會一直發現新東西。讓孩子從小『稽古』，能夠拓展他們的視野，進而開始注意相關的事物。拓展孩子的興趣，是教育當中非常重要的一件事。」

對克子老師來說，這便是日本的「稽古」——不僅只是尋求技巧、技術上的增進而已。

「這是能夠讓我享受人生直到最後的方式，也是一種『邂逅』。我非常感謝帶我認識這個世界的母親，讓我的人生充滿了樂趣。而且我的興趣永遠用不盡，生活永遠不覺得無聊，一輩子都能夠有所得。今後，我也會抱著這個心態，持續『稽古』下去。」

短短幾小時的談話，席間，克子老師也問了我許多台灣的事情，並且拿起紙筆記錄下來。我看著眼前這位對任何事物皆抱持興趣、侃侃而談的長輩，心中不由得升起了一股欽佩、羡慕之情。

訪談於二〇一二年八月

註一　此處「黑色的碗」，指的是「樂茶碗」。樂茶碗在茶道中地位特別，因此一般會端給居上位的主客使用。

「稽古」是全面性的學習

訪談

能樂師　片山伸吾 Katayama Shingo

觀世流能樂師。祖母為已故京舞井上流四代家元井上八千代。幼時跟從父親慶次郎，以及人間國寶片山幽雪學習能，三歲時初登場。主導古典藝能學習會「花習塾」，並時常在日本國內外公演、舉辦工作坊，致力推廣能。二〇〇七年獲京都府文化獎勵、二〇一〇年獲京都市藝術新人獎。

在京都的日子，我連續數年參加了京都藝術中心的「Traditional Theater Training」（傳統戲劇訓練），簡稱「T.T.T.」，主要學習「能」。課程中有三位老師，都是觀世流的能樂師，每天輪流指導我們。每位老師有不同的個性及指導方式，因為屬於同流派，老師們就算用不同的語彙解說，其實所教的都是同樣的道理。其中時常將學習內容邏輯化、系統化之後再傳授給學員的，便是伸吾老師了。

除了課程當中的一教一學，學員們也很喜愛和老師們私下交流。每年「T.T.T.」時期，總會有兩次學員和老師們徹夜歡談、盡興而歸的機會，席間，聊課程、聊傳統藝能、聊老師們的演出經歷，聊著京都一事一物。

記得第一次參加這般聚會時，我心中興奮不已，竟然能夠如此近距離聽著能樂師們聊起自己的工作，原本能樂、能舞台等在我心中是遙遠的存在，這會兒卻突然近在咫尺。這便是京都的魅力之一了，若不是京都，我怎能這般幸運，以初學者的身分接觸到日本傳統藝能中如此菁華的領域呢。於是，我下定決心，要更深入地請教伸吾老師關於傳統藝能、關於「稽古」以及能的一切。

何謂「稽古」

「所謂『稽古』，我相信不只日本，其他國家、民族也都有。基本上，在學習技藝時，就『不斷重複練習』這一點來說，也許每個國家都類似，但日本的『稽古』更重視精神層面。也就是說，一面磨練技術、一面內省，不只是練習而已，還要學習精神上的一切。」

伸吾老師的話讓我恍然大悟，難怪我總覺得在日本學習這些藝能及文化，除了技術上的磨練，似乎更接近一種精神層面的「修行」。

「例如到我們的『稽古場』（練習教室）來學習『能』，不只是學技術而已，包括與老師及同儕間的關係、禮儀作法、歷史文化等，這些全部合起來才算是『稽古』的真正內涵。當然每個人的看法不同，對我來說，『練習』指的是提升技術，成果比較像是為了自我滿足。『稽古』當然也包含提升技術，但除了技術之外，還意指更全面性的學習。」

老師所提的禮儀作法，例如每個月的學費一定要放在乾淨的信封袋裡，再端正地遞給老師，據說從前甚至一定要使用新鈔。這是日本古來的文化，表示對教導者的尊敬。而教導者和學習者的關係也並非是單方面的，而是互相的。學習開始前，父母會帶孩子到老師家正式打招呼，雙方真心相對，才開始日後的課程。雖然類似的過程可能每個國家都有，但是以這樣的態度來面對「稽古」，則是日本昔時傳承下來的作法。

我腦中浮現的畫面是每次的「稽古」，無論是個別課、團體課、茶道、和服、能、箏等，每回上課時，學生和老師總是會先端正坐姿，深深地行禮，互道招呼，之後才開始（或結束）課程。學費也必定是整齊地裝在信封袋裡，邊行禮、邊恭敬地以雙手遞給老師；老師將學費取出後，再以雙手將信封袋遞回給學生。這一切行為舉止，原來都包含在「稽古」當中啊。

繼承家業的心境

伸吾老師所屬的「觀世流」片山一家，在「能」當中地位相當重要，可說是統領關西地區觀世流能樂師的角色。伸吾老師的父親是八代當主的次男，一直以輔佐的地位支撐著片山家、支持著長男的發展。

「我常被問到身為繼承者是否很辛苦，在我看來，反倒不覺得這有什麼特別，一切都像理所當然似的。雖然家中也允許我選擇其他職業，但對我來說，與其選擇別的工作從頭開始學習，不如從事眼前的家業，至少我已經有基礎了。我的父親是次男，並沒有獨立出來分家，而是做個副手，支持著我的伯父。因為他希望片山家的家業能夠持續下去，所以自願選擇了這樣的路。」

伸吾老師提到了一件讓我覺得非常有趣的經驗。中學時，父親曾問他有沒有心繼續走這條路。對一個國中生來說，還不曾想得太深，突然間被這麼問到，當時的他反而覺得受到衝擊，心想：「原來還有這樣的選擇啊！」

對身在圈外的人們來說，似乎總把這個圈子想得神祕又特別，但對從小到大在能樂世家生長的伸吾老師來說，成為能樂師，一切都像理所當然似地，不過只是眾多職業中的一種而已。老師還坦誠，無論從事何種職業，總會有喜歡和不喜歡、擅長與不擅長的部分，「工作」本來就是這樣一回事。

「傳統」與「創新」

近年來，伸吾老師持續參與著一項特別的企劃——「京都創生座」，這個企劃當中有來自傳統藝能各領域的表演者，包括不同流派的能樂師、日本舞踊家、不同流派的日本箏及尺八奏者、不同藝能的伴奏樂器等。這些領域雖然都屬於日本傳統藝能，但不同流派、領域，所學習的內容完全相異。舉例來說，就算同樣是「小鼓」這項樂器，拿來伴奏能或伴奏歌舞伎時，擊法及節奏完全不一樣；或者，同樣身為能樂師，由於流派不同，所吟的謠曲詞章某些部分字句也不盡相同。因此，表演者一般不會跨領域學習或一同演出。而「京都創生座」的企劃，便是讓這些不同領域的傳統藝能表演者，既能在舞台上用各自的表演方式演出，卻又合作成一齣「劇」，這是項非常創新的挑戰。

「從前的能樂師們偶爾才有人做出革新，和其他領域合作，但到了我們的世代，大家有了危機感，發現若只侷限在能的世界，不知還能維持多久，因此許多人開始挑戰創新。我雖然不算積極在做，卻覺得不試試看不行。不過，像『創生座』的演出，若大家把它當成是一個高完成度的作品來看，覺得演出很完美，我認為反而是件危險的事。」伸吾老師的話讓我很驚訝。所謂演出，不就是要努力讓觀眾覺得完美嗎？但老師的想法卻不同。

「日本的傳統藝能分作很多領域，看似相同，其實相異。這些不同領域的人在面對『創生座』的合作時，常會感到許多不容易融合的地方，經過討論、實驗、磨合，才構築出一件作品。但其實大多數的觀眾原本並不瞭解各個領域的相異之處，如果在觀賞時無法感受到各個領域的不同，只覺得這項作品很不錯，那麼我們一直以來在各個領域堅守著各自的特性而傳承下來，豈不就失去意義了。

「我們當然希望觀眾覺得作品很好，但更希望大家看完後，能依稀感受到每種領域的差異，感受到那種奇妙的不協調，並且在心中留下些許印象。若覺得這次的觀賞經驗很有趣，我們也希望大家之後能再分別接觸各個領域，瞭解那種不協調感是從何而來。」

原來如此。「京都創生座」的用意並不在掀起革命、將各種傳統藝能結合成一項，而是希望透過這種嶄新的表現方式，引起觀眾對原本各項傳統藝能的興趣。老師的解釋，點出了在台灣也常被拿來探討的議題——「傳統」及「創新」之間的關係。就我的理解，「傳統」及「創新」並非矛盾或相斥的存在，創新必須踏在傳統的根基之上，並且不應有了創新便捨棄傳統。當創新經過時間的沉澱，去蕪存菁、洗練之後，經得起考驗的，自然會留存下來成為另一項「傳統」。

主動理解並追求的「娛樂」

「能」一向被當作是艱澀難懂的表演藝術，表現方式極為抽象。

「日本的各項傳統藝能，每個領域都有不同的歷史脈絡，傳承發展到今日。例如歌舞伎，一開始就是作為讓人欣賞的表演，而後發展到現今的樣貌；至於『能』，原本有部分目的是為了獻給神明，後來才發展成讓人觀賞的藝能。兩者不僅歷史長短不同，發展至今的脈絡也各異，觀賞者感受到不同的內容也是理所當然的。『能』的歷史最久，演出方式也最難懂，支持者當然占少數。我希望大家能夠感受各種傳統藝能的差異，並且隨自己的喜好及心情來選擇。例如心情輕鬆時選擇觀賞歌舞伎，想要端正思緒，便選擇觀賞能。畢竟，正因為日本人原本就擁有纖細的審美意識，才會分化出各種不同的傳統藝能，甚至將其當作職業，傳承下來。若不是那麼纖細的民族，很可能許多傳統藝術早就在途中便被淘汰，留傳下來的已是寥寥無幾。」

對於要如何接觸能，伸吾老師建議什麼都不要考慮，觀賞便是了。「我們時常開設講座，對觀眾講解能。常有觀眾表示：『如果上次觀劇之前，我先來聽了講座，就不至於完全看不懂了。』但我覺得第一次觀賞時應該什麼都不要多想，也不要準備任何知識，只要單純地看，實際感受那種『不懂』的感覺。體驗『不懂』之後，做出反應、採取行動，這才是真正『觀賞』的方式。

「例如，我們觀看一幅畫的時候，若事先知道是知名畫家的作品，就容易先入為主覺得作品很不錯，卻說不出好在哪裡，因為人類本來就是這種程度的生物。其實不論答案對錯與否，憑自己的力量『尋找答案』，我認為這才是原本所謂『娛樂』的意義。『娛樂』並不只是拿來享受的，自己若不花精力、不學習，那麼這份快樂便不會延續。現代日本人對事物的鑑賞眼光愈來愈均一化了，有愈來愈多觀眾希望能在戲劇中追求同樣的感動、同樣的趣味。當然電視的影響也很大，現今的人們無法像從前那樣，接受只能看懂七、八成內容的演出了。」

伸吾老師以「落語」這種表演藝術為例，說明鑑賞事物的方式。「落語」的表演形式是由一位表演者在舞台上講述滑稽故事，有些類似中國的單口相聲。「落語」的「落」，指的是思考脈絡的缺陷，也就是無法立刻想通、需要推敲的道理。落語表演讓人當下似乎聽得懂其意，卻又無法完全理解，因此觀眾回家之後仍無法釋懷，只得自己推敲尋找答案或詢問他人。伸吾老師認為這才是鑑賞事物的方式。現代人享受娛樂時，幾乎是完全被動的，若能有至少三成的主動心態，積極地去理解、追尋，而不是一味地接受，這樣所享受到的娛樂，感動程度必然不同。

「稽古」是老師與學生的雙向交流

伸吾老師的話，讓我想起每年的「T.T.T.」。參加的外國學員們幾乎都從國外遠道而來，其中不少人甚至是第一次造訪日本，當然缺乏對日本傳統藝能的預備知識。但大家卻能在短短三個星期之內，對日本傳統藝能有了不淺的理解，並且還親身體驗、上台表演。

「來參加『T.T.T.』的外國學員，都是為了期望學習而來的，教起來算是輕鬆。因為他們以積極的姿態參與，就算講解艱難的內容，大家也會努力試著瞭解。雖然有些內容可能因為民族性的關係，學員們無法接受或很難理解，但大家還是會試圖去揣摩。無論是外國人或日本人，重要的還是心態，有些人還沒試圖理解之前就先把心扉關上了。而且『T.T.T.』這個活動有個了不起的優點，便是讓外國人在京都滯留幾乎一整個月，每天的密集訓練雖然很辛苦，但大家總是抽空四處觀看、學習。京都幾乎是日本傳統文化的代名詞，一般日本人花上十年都無法感受到的事物，外國學員們在短短三星期之內全都體驗到了。活動反應總是很好，所以才能延續召開至今吧。」

的確正如老師所說，每年「T.T.T.」的三個星期，我所感受到的日本傳統藝能密度特別高，就算我仍身處在平日過慣了的京都，這三週卻好似抽離了現實，如夢一般。而我們這些學員所表現出來的就像是一面鏡子，讓伸吾老師看到自己教學的內容，也因而再度確認了自己對於表演的想法。

「當我身為指導者時，『稽古』不只是屬於學生們的，也是屬於我自己的。」

「稽古」，是技術的提升，也是精神層面的修行；是藝術的傳承，更是老師與學生雙向交流、一輩子的連繫。伸吾老師所教導我的一切，無論是課堂上或是透過訪談，甚至是老師在舞台上所展現的一切，現今仍在我心底發酵，相信而後也將成為我人生中持續一輩子的「稽古」。

訪談於二〇一二年八月

月份	舉行時節	行事・菓子	地點及內容
一 睦月	一月一日至一月三十一日	**初詣** 正月第一次参拜神社	各神社。推薦地點：八坂神社至清水寺一帶，十二月三十一日午夜至一月一日凌晨，京都市部分交通工具及店家通宵營業。
	一月七日	**人日**「七草之節句」	五節句之一，人們習慣在這天吃以七種植物煮成的「七草粥」，祈求一整年無病無災。
		菱葩 當季和菓子 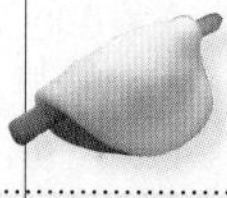	正月不可或缺的菓子，柔軟的「餅」皮當中，包裹著白味噌及糖煮牛蒡。
二 如月	二月三日	**節分祭**	各神社。推薦地點：吉田神社節分祭，二月二日至二月四日連續三天盛大舉行各種儀式。
三 彌生	三月三日	**上巳**「雛之節句」 	五節句之一。下鴨神社會舉行「流し雛」儀式，將人形放在池中順水流走。人們習慣在家擺設「雛人形」，以及外形具有紅、白、綠三色的菓子「菱餅」。
四 卯月	四月至五月上旬	**花見** 賞櫻花	京都各景點。

月份	日期	名稱	說明
		花見糰子 當季和菓子	賞櫻花時享用的菓子，由三色糰子組成。
五 皐月	五月三日至 五月十五日	葵祭 「京都三大祭」之一	推薦日程、地點： 〈一〉下鴨神社糺之森（五月三日），舉行「流鏑馬神事」。 〈二〉下鴨神社或上賀茂神社（五月四日），每年兩地交替舉行「齋王代禊之儀」。 〈三〉葵祭（五月十五日），遊行隊伍自京都御所出發，路經下鴨神社，前往上賀茂神社。
	五月五日	端午 「菖蒲之節句」	五節句之一，在京都習慣吃包成細長、以「葛」為原料做成的甜粽。
六 水無月	六月三十日	夏越祓	推薦地點：上賀茂神社，夜晚舉行「人形流し」儀式。
		水無月 當季和菓子	人們會在「夏越祓」這天，爭相購買仿冰塊所做成的這款菓子，恰與六月的別名相同。
七 文月	七月七日	七夕	五節句之一。相傳只要在這天食用麵粉製的細麵條「素麵」，就能避免染上重病。

	七月一日至七月三十一日	**祇園祭** 「京都三大祭」之一	推薦日程、地點： （一）七月十四至十六日夜晚，山鉾町區域（十六日為「宵山」、十五日為「宵宵山」、十四日為「宵宵宵山」）會擺放所有山鉾（神轎及神車）供人參觀。 （二）七月十七日上午，於四条通至河原町通、御池通會舉行「山鉾巡行」，也就是神轎及神車的遊行。
		葛饅頭 當季和菓子	外表透明清澈、裡面包裹紅豆餡的菓子。夏日的菓子多以「葛」製成（葛根部提煉出澱粉質，乾燥後成葛粉，再加工而成的食物），可帶來視覺上的清涼感。
八 葉月	八月十六日	**五山送火**	推薦地點：京都市內高處樓頂。
九 長月	五月至九月	**川床料理**	推薦地點：鴨川沿岸，二条通至五条通之間的餐廳。貴船及高雄兩處也有數間餐廳供應。
	九月九日	**重陽** 「菊之節句」	五節句之一。人們會在這天飲用浸有菊花的酒，祈求長壽。
十 神無月	十月二十二日	**時代祭** 「京都三大祭」之一	推薦地點：遊行隊伍自京都御所行至平安神宮。以上兩處及京都市公所前，設有付費觀覽席。

月份	日期	行事	說明
		鞍馬火祭	推薦地點：叡山電車鞍馬站至鞍馬寺門前一帶。
十一 霜月	十一月至十二月中旬	**紅葉狩** 賞紅葉	京都各景點。
		亥の子餅 當季和菓子 	茶道中在十一月份常用的菓子。「亥月」指舊曆十月，而「亥」指的則是生肖當中的豬（日本為「山豬」），有多子多孫之意。若能在「亥月」的亥日、亥時（上午九點至十一點）吃下這個菓子，便能無病消災、子孫繁榮。
十二 師走	十二月三十一日	**大晦日** 除夕	推薦地點：知恩院可聽除夜鐘，聽完後可至附近八坂神社行「初詣」。

※「五節句」指在季節轉換時所舉行的傳統年中行事。江戶時代，幕府制定五個公定重要節句，稱「五節句」，現今民間仍有慶祝的習慣。

※京都年中大小行事非常多，在此僅列出每個月份最具代表性的、前述文中提及的行事。

京都爛漫

遊京都戀上日本文化

國家圖書館出版品預行編目(CIP)資料
京都爛漫:遊京都戀上日本文化
王文萱 · Doco 著;初版 · 新北市:
一起來出版:遠足文化發行 · 2013.1
216面;15×21公分. --(一起來玩:6)
ISBN 978-986-88753-4-0(平裝)
1.旅遊 2.日本京都市
731.75219　101024416

作　　者　王文萱 · Doco
美術設計　IF OFFICE
責任編輯　賴郁婷
行銷企畫　艾青荷
總 編 輯　林明月
社　　長　郭重興
發行人兼出版總監　曾大福

編輯出版　一起來出版
E-mail　cometogetherpress@gmail.com
發　　行　遠足文化事業股份有限公司
www.bookrep.com.tw
23141 新北市新店區民權路108-3號6樓
客服專線|0800-221029　傳真|02-86673250
郵撥帳號|19504465　戶名|遠足文化事業股份有限公司
法律顧問　華洋國際法律事務所　蘇文生律師

初版一刷　2013年1月
定　　價　350元

COME TOGETHER

COME TOGETHER